図解ビジュアル

ビジュアル

| 新版 |

ゼロから学べる
学級経営

若い教師のためのクラスづくり入門

長瀬 拓也

明治図書

新版に向けて

　本書は，2013年に発刊された『ゼロから学べる学級経営』（明治図書）を
リメイクし，図解ビジュアル版として，新たに書き直したものです。
　『ゼロから学べる学級経営』は，私が教師になっておよそ10年経ったとき
に執筆したものです。初任者の方に学級経営の学び方についてお話していた
ことをまとめたもので，多くの方に読んでいただきました。

　それから10年が経ちました。
　10年前は当時イチロー選手が4000本安打を記録した年に書き終えましたが，
今では，大谷翔平選手がWBC，メジャーリーグで活躍するなど，長い年月
を経たことを感じています。
　しかし，この10年の中で，学校現場はよくなったかと聞かれたら，なかな
か「はい」とはいえません。Benesseが実施した「小中高校の学習指導に関
する調査2022」では，「主体的・対話的で深い学びを進める時間的な余裕が
ない」と小・中学校の先生はともに7割強が回答しています。忙しさや疲れ
を感じている先生も多く，何よりも先生が足りていない状況です。学級経営
が苦しいと感じるのは，若い先生だけではありません。
　こうした背景には，新型コロナウイルスの世界的流行とその混乱もありま
したが，社会や子ども達の変化に加え，学校現場に若い先生が多くなり，学
級経営や授業づくりを学ぶ機会がなかなか得られないこともあろうと思います。
　そこで，本書では，前書に新たなトピックスを加え，できるだけ図解で説
明することに努めました。本書を多くの方に読んでいただけたら幸いです。

2023年8月

長瀬拓也

はじめに

なぜ，学び方にこだわったのか

本書は主に小・中学校における学級経営の「学び方」を書いた本です。

私の学級経営の「仕方」を紹介するだけではなく，できるだけ「学び方」にこだわって書いてみようと試みました。

なぜ，「学び方」にこだわったか。

それは，学級経営について学ぶということが，これからの若い先生方にとって非常に大切で，しかし，難しくなると考えたからです。

まず，私の初任の頃の話をさせてください。

私は，大学を卒業して大都市の小学校教諭になりました。

今では信じられない話ですが，「授業さえ面白ければ，学級は何とかなる」と思っていました。学級経営という言葉は知っていましたが，朝の会や帰りの会などを行ったり，係・当番などを決めたりする程度のことであり，それほど重要とは思っていませんでした。

しかし，いざ学級が始まってみると，子ども達はなかなか話を聞いてくれません。面白い授業を毎日できるわけもなく，子ども達との関係もなかなか上手くつくれず，ざわざわとして落ち着かない学級の状態が続きました。怒鳴って静かにさせることも多く，そういう状態ですので，授業も上手くいきません。私は教師の仕事の厳しさを身をもって知り，そこで初めて学級経営の大切さを知ることになりました。

学級経営は，簡潔に述べると「子ども達が**目標**を持ち，**ルール**や良好な**関係性**，学級における平等かつ知的な**文化・風土**をつくり，各個人が成長していくことができるようにする」というとても重要な教育の「**経営**」です。会

社にたとえると，着任したばかりの私の考えは，ただよい製品だけ作れば会社が上手く回ると考えていたようなものです。当然，この考えでは上手くいきません。

　クラスは小さな社会であり，組織です。学級を持っていなくても，授業の中でただ伝達するだけなら必要はありませんが，学力を向上するという目的であれば，やはり学べる組織に変えていかなければなりません。

　学級経営とはまさに，

学ぶ，学べる組織に変えていくこと

だといえます。

　では，どうやって学級経営を学べばいいのでしょうか。

　初任の頃の私の悩みはまさに，この学級経営についての学び方でした。

　学級経営について学ぶには，早稲田大学の河村茂雄先生が述べているように，「先輩教師から指導を受ける，他の教師の学級経営をモデルにして自分のやり方を形づくっていく」（『日本の学級集団と学級経営―集団の教育力を生かす学校システムの原理と展望』図書文化）方法が基本です。大学で学級経営について理論や実践的な技を学ぶことは一部を除いてほとんどありません。教育実習でも，すでに指導教員がつくりあげてきている学級に入ります。大学を卒業して，学校現場に入り，見よう見まねで取り組んだり，先輩の学級通信を読んだり教えてもらったりして，初めて学級経営を学ぶことがほとんどです。徒弟的で「技を盗む」といった学び方です。私自身も見よう見まねで何とか毎日を過ごしていました。

　こうした，見て真似て活かすといった学び方は，人を一番成長させてくれ

る学びであると私は考えています。ただ，この学び方には難しさがあります。

　それは，教師を取り巻く現実は厳しく，非常に多忙だということです。そして，これからますます若い先生が増えてきて，徒弟的に伝えることが難しくなるかもしれません。また，明日から学級びらきをしなくてはならない人もいるかもしれません。大学を卒業していきなり担任を命じられ，慌てて本書を手に取った人もいるかもしれません。

　かつては若い先生をゆっくりじっくり育てていこうとする雰囲気が地域や学校にはあったかもしれません。しかし，教員不足が叫ばれる昨今，若い先生，ましてたとえ1年目の先生でも，保護者の方はベテランの先生とほぼ同じ要求をされる場合がほとんどです。

　限られた時間の中で，学級を安定的に経営していくためには，学び方を知り，自分自身で道を切り開いていくしかありません。見よう見まねだけでは，学級を経営する前に破綻してしまう可能性もあるのです。

絶対的な方法はないが学び方の視点はある

　編集者の方から，
「長瀬先生のすばらしい学級経営をご呈示ください」
というような趣旨がメールで書かれていて，実は断ろうかと考えていました。

　それは，私の学級経営は人に自慢できるようなものではなく，常に失敗や反省をしながら，子ども達や保護者，多くの先生方に支えられて今まで取り組んできたものだからです。普通の先生の必死な学級経営です。

　世の中には凄い学級経営をなされる人がいっぱいいます。学級崩壊を立て直したり，指導困難な地域でどんどん実践を積まれたりする先生もいます。私は，そうした先生とは違います。すばらしい学級経営はお示しできないと

考えていました。

　しかし同時に，初任時代からずっと抱いてきたことがあります。

　初任時代から，学級経営について学ぼうと様々な本を読みました。学級経営について実践をまとめたものや一つひとつの取り組みについて技術ややり方を紹介する本は多くあります。しかし，体系的に捉え，「どのように」学べばよいか，「何を」学べばいいかを示したものを見つけることはあまりありませんでした。学級経営の「経営」にこだわり，どのような視点で学級を捉え，子ども達を導き，共にチームとしてまとめていくかについての本は，残念ながら，初任者だった頃にはほとんど見つけることができませんでした。むしろ，そうした内容はビジネス書やサッカーのコーチングや監督のチーム経営の本から学んできたり，学級経営についてではない教育書の中からエッセンスを見つけてきたりしていました。しかし，こうした学びは非常に時間がかかるものでした。

　また，学級経営の特徴は，汎用性の難しさです。

　つまり，絶対上手くいく指導法はほとんど存在しないということです。

　分かりやすくいえば，小学校６年生の学級経営の仕方が小学校１年生に必ずしも通用するわけではありません。大都市の子ども達へのアプローチと私が勤務してきた僻地の山の中の学校の子ども達へのアプローチは大きく異なります。目の前の子ども達の状況を見て，子ども達と共に学級を経営していくしかありません。そのため，私たち教師は，**常に学び続けなくてはいけないのです**。

　しかし，学び続けるといってもどうやって学んだらいいか分からない人も

多いと思います。私もその一人でした。

　そこで，出会ったのが自分自身を見つめる「省察」と「視点」という考え方でした。

　この考え方は若い先生だけではなく，若い先生を育てる立場の方にとってもお役に立つことができると考えています。ただ，誤解しないでいただきたいのは，即効性があるわけではありません。本書では，学級びらきで大切なことも書きましたが，すぐ効果を求めるのであれば学級びらきに即応した本をお読みいただければと思います。しかし，本書を読むことでじっくりと効果は出てくると思います。なぜなら，多くの学び方は私の学級経営の失敗から得たものだからです。

　絶対的なすばらしい学級経営の指導法は私には存在しません。

　しかし，子ども達と末永く，楽しく，ゆったりと学級経営をしていくうえでお役に立てる視点をご紹介することができれば幸いです。

本書の読み方

本書は，学級担任の経験に合わせて読んでいただけたら幸いです。

大学生や大学を出たばかりの方
学級経営について初めて学ぶ方

第1章から読むと，
全容がつかめると思います。

4月から初めての担任を始める方

第1章の学級経営のモデルを
理解してから第2章から具体
例を考えてみましょう。

時間がなく，学級経営の理論を
学びたい方

最後の「まとめ」を読んでか
ら，各章を読むのもいいと思
います。

学級担任は何度か経験があり，
学級づくりのアイデアを学びたい方

どの章から読まれても面白い
と思います。

目　次

新版に向けて
はじめに
本書の読み方

第1章　学級づくりの前にまず考えておきたいこと

第2章　学級経営のゴールを立てる

第3章　学級経営のシステムをつくる

第4章 学級経営を支えるルールをつくる

第5章 信頼を深めるためのリレーションを育む

第6章　学級の風土を育てるクラスカルチャーを考える

まとめ―学級経営のねらいとそのための具体的視点

学びを深めるために

おわりに

引用および参考文献

第 1 章

学級づくりの前に
まず考えておきたいこと

学級経営は，大学で学ぶことはあまりなく，現場に入って見よう見まねで学ぶというのが一般的です。でも，それでは若い先生は困ってしまうし，実際困っていると思いました。私自身も困りました。

　また，優れた先生の実践を追試したり，真似したりしたのですが，学級経営に関してはなかなか上手くいきませんでした。追試することも大切ですが，それだけでは子どもの実態が大きく違うので，不十分だと考えるようになりました。

　そこで，出会ったのが，「省察（振り返り）」という考え方です。

　つまり，自分の実践や子ども達との関わりを振り返り，見つめ，さらに新しい実践をしていくという考え方です。

　これは，今までもしていたと思うのですが，意識してすると学級をさらに見つめていけるようになりました。

　しかし，どうやって省察すればいいのだろうかと考えるようになりました。省察の視点が必要だと考えるようになりました。

　そこで，学級経営について見つめたり，考えたりすることができる視点をモデル化したものが SRRC=G モデルと呼ばれるものです。

　第1章では，まず，学級経営について考える前に，教師として大切にしたいことや，SRRC=G モデルの概要，学び方の基本的な考え方について述べたいと思います。

担任は小さな会社のオーナー

　教育実習生のときは，すでに組織化された集団に教えています。指導してくれる先生がしっかりとつくりあげた学習集団に対して授業をします。だから，少し上手くいかなくても授業が成立することがあります。

　しかし，4月は，組織化された集団ではありません。

　初任の頃，私は，そのことを勘違いし，教えることだけ考え，学級が上手くいかなくなってしまったことがありました。

　学級「経営」の「経営」という意味を辞書などでひくと，

> 方針を定め組織を整えて，目的を達成するよう持続的に事を行うこと。
>
> （三省堂提供『大辞林 第二版』より）

とあります。子どもでも，大人でも何人，何十人も集まれば，

方針を定め，組織を整える

必要があります。

　そうしないと目的を達成することができません。

　つまり，担任として，学級を持つということは，学級にいる子ども達に

方針を示し，定め，

組織を整え，

持続的な活動

をして，目的の達成を果たすということです。

　目的の達成とは，学力と人間力の達成だといえます。どんなに若くても担任になるということは，小さな会社のオーナーとして，組織のトップになるということです。組織をつくるという視点を持ちましょう。

担任は小さな会社のオーナーのような存在

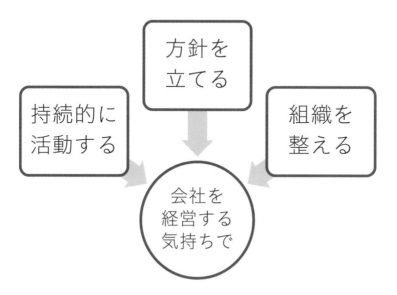

子ども達と力を合わせて
方針を立て，持続的に活動することを
大切にしていきましょう。

そのために，
子ども達が集団として動けるように，
どんなめあてを持てばいいか考え，
意識して伝えていくことが必要になります。

担任として，大切にしておきたいことを書いてみるのも
よい方法です。

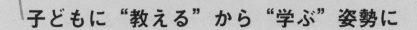

子どもに"教える"から"学ぶ"姿勢に

　私の父は中学校の教師でした。

　若くして亡くなったので教師になってからいろいろ教えてもらえなかったことがとても残念ですが，父から教えてもらった言葉を常に大切にしています。

　それは，

子どもから学ぶ

という言葉です。この仕事は，

教えるだけでなく学ぶ

ことも大切だと思っています。

　教師が上から教えるという構えだけではなく，子どもと共に学び，子どもから学ぶ姿勢が求められます。

　奈良女子大学附属小学校で長年勤めた長岡文雄は，「教師は毎日子どものなかにいながら，案外子どもを見ていない。『見ていない』というより『見えていない』というほうがいいだだろう」（『子どもをとらえる構え』黎明書房）と述べています。

　教室で子ども達と生活していると，時として苦しくなることもあります。

　しかし，そうした出来事から，

教師の力が高まる

ことはたくさんあります。

　また，

子ども達から新しい発見

が生まれ，そこから授業づくりや学級づくりに活かすことができます。

　フランスのサッカー代表監督も務めたロジェ・ルメールは，

「学ぶことをやめたら，教えることをやめなければいけない」

という言葉を残しています。

　常に子ども達から学び続ける姿勢を大切にしましょう。

教師は子ども達から学ぶ姿勢を持とう

「教えよう」という構えだけでは，
子ども達はなかなか動きません。

「子ども達は何をしているか」
と子ども達から学ぼうとする姿勢を持つと，
きっかけやヒントが見えてきます。

子ども達とたくさん遊んで，たくさん話して，
そこからたくさんのことを学んでいきましょう。

教師の仕事は学び続けること

　学び続けていかないと子どもも教師も学級も成長はありません。

　では，教師の学び方とはどのようなものがあるのでしょうか。それは，

1．情報更新　　2．省察　　3．実践

の3つが重要だと考えています。

情報更新

とは，本を読んだり，研修を受けたりして新しい知識や考え方を手に入れるということです。方法は様々ですが，大切なことは自分に一番適した学び方を身につけることです。また，若い先生にぜひ，**「職場で学ぶこと」**を大切にしてほしいと考えています。かつて，私は先輩たちの学級通信やワークシートを見て，「こうすればいいのか」と気付き，多くのことを学びました。様々な研修会がありますが，一番学ぶべき場は働いている職場，教室です。先輩たちは多くの豊かな教育思想と教育技術を持っています。

省察

とは，簡単にいえば自分自身を振り返ることです。本当にこれでいいのか，さらによくするためにどうすればいいかと考えることが重要です。そのうえで，省察の仕方も様々ありますが，書いて残すことが大切です。

　そして何より，

実践

を積み上げていくことです。一つ一つの子ども達との活動を大切に丁寧に実践していく。これが教師にとって一番大切なことです。あこがれの先生や尊敬する先生を見つけ，追試したり，追体験をしたりすることもおすすめです。

　教師の学びは受験のように「絶対的な答え」はありません。自分を見つめ，高めていく作業が必要です。

教師は学び続けることが仕事

振り返る

情報を
更新する

実践する

教師の学びには絶対的な答えがありません。
子ども達が常に変わるため，
常に変容していく必要があるからです。

そのため，情報を収集，更新し，
自分の実践を省察するという姿勢が大切です。

特に，学ぶべきは，職場であり，教室です。
試行錯誤しながら，常に学び続けていきましょう。

あこがれの先生を持つこともよい学びになります。

同僚の先生から学び続ける

　同僚の先生から学ぶことを大切にしていきましょう。

　特に，初任の先生に学んでほしいことは，まず，**子ども達への関わり方，話し方，声かけ，指示**などです。

　例えば，子ども達に話をするときにどのような声かけをするかをよく見て学ぶことが大切です。子ども達との何気ない先生の関わりの中に話し方のコツや指示の出し方の上手さを感じることもできます。また，集団になっているときの並ばせ方や座らせ方など，ちょっとした指示の出し方にも学ぶべきところがたくさんあります。

　また，**仕事の仕方**について学ぶこともたくさん出てきます。

　仕事がとても早い先生がいます。私は仕事が早く，どんどん先を見て動ける先生の中で，学級経営が上手くいかなかった先生をあまり見たことがありません。たくさんの仕事を終わらせるために，どんな方法を用いているかを学ぶとよいでしょう。私は，**どの先生にもすばらしいところがあり，常に学ぼうとする姿勢が教師を伸ばす**と考えています。

　もちろん，本を読んだり，講演会や研修会に行ったりすることも大切です。しかし，何より大切なことは，同じ職場の先生から学ぼうとする姿勢です。本を書いたり，講演をしたりしている先生のよさも学びながら，校内の先生からも学ぼうとする，そういった姿勢がとても大切です。

　また，同時に**自分らしさ**をいつも忘れないでください。自分らしさ，自分にしかできない学級経営があります。多くの先生から学び続けながら，自分を見つめる**省察**は欠かせません。

同僚の先輩からたくさんのことを学ぼう

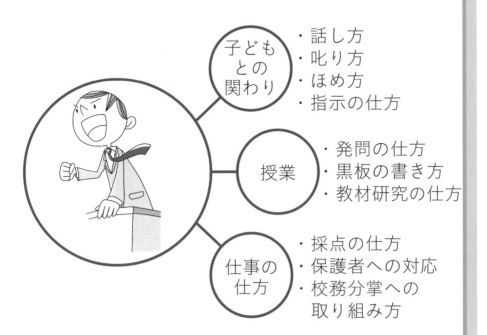

どの先生にもすばらしいところがたくさんあります。
そうした先生から常に学ぼうとする姿勢が
教師を成長させます。

自分らしさを大切に，
しかし，多くの先生から学ぶ姿勢を
大切にしていきましょう。

異業種から学ぶ

教職経験がまだ数年しかなかった若い頃，ブックオフで手にした1冊の経営書を読み，それが学級経営のヒントになったことがあります。タイトルは忘れてしまいましたが，その後，貪るようにビジネス書を読み，それが学級経営に大きく役立つことになりました。

また，私自身，サッカーを見ることがとても好きです。そこでサッカーのコーチングに興味を持ち，初心者なのに，日本サッカー協会の支部に連絡をとり，コーチライセンスを取ったこともあります。

このように，学級経営について学ぶとき，異業種から学ぶことはたくさんあります。

例えばサッカーは，勝利という「成果」を出すことが求められます。

そのためには，プレーヤーが主体的に動くことが必要になります。

こうしたプレーヤーの主体的な動きは**エンゲージメント**といえるでしょう。

櫻井茂男の考えを参考にすると，**「エンゲージメント（engagement）とは，"積極的な取り組みあるいはその態度"」**であり，**「学びのエンゲージメント」とは，"学習への積極的な取り組みあるいはその態度"**となります。

櫻井が示すエンゲージメントの5つの観点は次の通りです。

①感情的エンゲージメント（興味・関心，楽しさ）

②認知的エンゲージメント（目的（意図）・目標，自己調整）

③行動的エンゲージメント（努力，粘り強さ（持続性））

④社会的エンゲージメント（協力，助け合い）

⑤自己効力感（やればできるという気持ち）

積極的な取り組みや態度を生み出すエンゲージメントを生み出すコーチングやマネジメントの手法は，学級経営をするうえで大きなヒントにつながります。

参考　櫻井茂男『学びの「エンゲージメント」：主体的に学習に取り組む態度の評価と育て方（クレイス叢書）』図書文化

異業種からエンゲージメントを高める方法を学ぼう

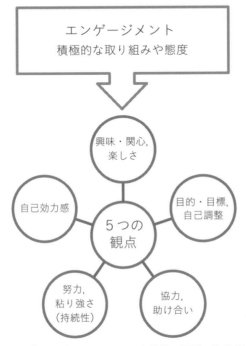

参考 櫻井茂男『学びの「エンゲージメント」：主体的に学習に取り組む態度の評価と育て方 (クレイス叢書)』図書文化

スポーツ，文化，ビジネスなどの
マネジメントやコーチングには，
エンゲージメントを引き出すヒントがたくさんあります。

学級経営に5つの視点を持つ

　子ども達と教師が学級を経営するために，視点を持つことが大切だと考えるようになりました。これは，省察をするときに，視点がないと学級の振り返りが上手くできなかったからです。では，どのような視点が必要でしょうか。Q-Uという取り組みをされている河村茂雄先生は，

ルール（規律・規範）

リレーション（関係性）

の大切さを説いています。

　この2つは，教師も子どもも省察するうえで大切なことで，お互いにつくり合っていくものだと思いました。

　そのうえで，学級の中でスムーズに生活するしくみも必要だと考えました。例えば，日直や当番，掲示物などといった「提示（しくみづくり）」です。日直や当番の内容は子ども達が決めて行いますが，その「提示」は教師が4月に行う必要があります。そこで，3つ目の視点として，

システム（提示，しくみ）

を考えました。

　また，学級は，同学年の集団です。集団には，雰囲気が左右されます。そうした雰囲気をつくるのは何かを考えたとき，

カルチャー（文化，風土）

が浮かびました。子どもの頃よく学級で「お楽しみ会」などの文化的な取り組みをしていて，そこでは，子どもが主体だった思い出があります。ちなみに，システムやカルチャーについては，野中信行先生や向山洋一先生の書籍からも学ぶことが多くありました。

　そこで，学級には，4つの視点と**ゴール（目標）**が必要と考えました。私は，この4つの頭文字をとって，$\underset{\text{サークジー}}{\text{SRRC=G}}$ **モデル**と呼んでいます。

学級経営に５つの視点を持って学び続けよう

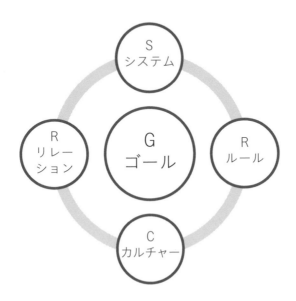

学級経営には,

　ゴール（目標）　　　　　ルール（規律・規範）
　リレーション（関係性）　システム（提示, しくみ）
　カルチャー（文化, 風土）

の視点が欠かせないと考えています。
このモデルを使いながら,
教師として自分が得意なところはどこなのか,
そして, どこで問題が起きているかを省察して
分析することが大切です。

自分の強みを学級経営に活かす

学級経営には，次の5つの視点があると述べました。

ゴール（目標）

ルール（規律・規範）

リレーション（関係性）

システム（提示，しくみ）

カルチャー（文化，風土）

第2章からはこの5つの視点についてお話をしていきますが，ここで大切なことは，5つの視点の中で，**自分の強さや弱さ**があるということです。

ゴールを明確に持っている先生も入れば，ルールがしっかりと張り巡らされた学級をつくっている方もいます。子ども達との関係性が良好な先生もいます。係活動が充実している学級もあるでしょう。

つまり，学級経営には，その人の個性や強みが存在するということです。

そのため，5つの視点の中で，

自分はどれが一番上手くできそうか

を考えて取り組むことも大切です。

ちなみに，「強み」について学んだのがドラッカーの本でした。

ドラッカーは経営の神様として知られています。

「強み」についてドラッカーは，

今さら自分を変えようとしてはならない。うまくいくわけがない。自分の得意とする仕事のやり方を向上させることに，力を入れるべきである。

（P. F. ドラッカー『明日を支配するもの―21世紀のマネジメント革命』ダイヤモンド社）

と述べています。

どんな視点に強みを置くのかは，担任生活の中で大切なポイントになるでしょう。

自分の強みを学級経営に活かそう！

どの視点を強化することが
自分に向いているかを考える

図のように得意・不得意の視点は存在する

Aさんの視点の強弱

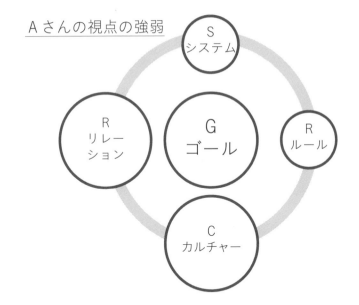

クラスの子どもの強みや集団としての強みもあるので，
よく子どもの様子を見ることが大切です。
強みと弱みを上手く重ねていこう。

「真摯さ」を大切にする

　生徒指導に関する雑誌に連載をしていた頃，「真摯さ」についてまとめたことがあります。

　ドラッカーは「真摯さ」について次のように述べています。

**　真摯さを絶対視して，初めてマネジメントの真剣さが示される。それは人事に表れる。リーダーシップが発揮されるのは，真摯さによってである。範となるのも，真摯さによってである。**

（ドラッカー名著集14『マネジメント［中］－課題，責任，実践』ダイヤモンド社）

8

　この真摯さは，実は教師の仕事にとっても一番大切な資質だといえます。

　最初はなかなか上手くいかないことも多いでしょうが，まじめにひたむきに取り組むことで，子どもたちの成長につながることがあります。

　また，すごくしんどいときは，誰かに頼ることも「自分に真摯に向き合う」ことだと思います。頑張らないとできませんが，無理しすぎても続きません。

　苦しい時期は，その場から離れたいという思いやあきらめの気持ちにかられます。上手くいかず，どうすればいいか悩み続けることもあります。

　しかし，そんなときに必死で学び，考えて生み出した実践は，あとから振り返ってみると自分を成長させるきっかけになります。

　無理はせず，しかし，粘り強く，学級を経営していきましょう。

「真摯さ」を大切に

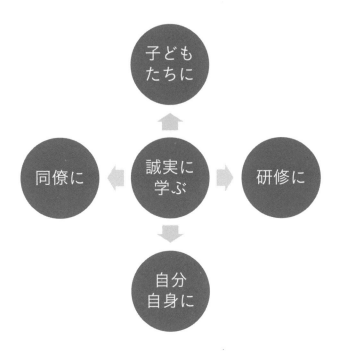

子ども達に真摯に，誠実に学ぶことは大切ですが，
頑張りすぎて自分自身に
誠実になっていないことがあります。

無理はせず，しかし，粘り強く
真摯に学ぶ姿勢を大切にしていきましょう！

学びを深めるために①
学級びらきで心がけておきたいこと

🌱 始業式の後，教師の思いをしっかり持って語ろう

本書を手に取った方は，初めて担任を持った方，初めて担任を持ったけど，1年目はなかなか上手くいかず今年こそはという方もいることでしょう。

4月に入り，担任が正式に決定され，たくさんの資料が配られ，子ども達の引き継ぎが始まります。書類整理に追われ，教室を掃除した頃にはあっという間に始業式。子ども達を目の前にして，何を話したらいいか分からなくなってしまった。

これが私の初任時代の思い出です。

しかし，今の子ども達はなかなか先生を待ってくれないかもしれません。そのため，十分な用意をして臨む必要があります。

私が初任者の方に勧めているのが，担任が決まったときに**学級だより**を書いてみることです。
学級だよりを書いてみると，
どんなクラスにしたいか
がとても明確になるからです。

また，初日に子ども達にどんなことを話したいかをよく考えておくことも大切です。
つまり，4月の学級びらきでは，
教師の思いを伝える

032

ことを大切に，
どんなクラスにしたいか
どんなことが正しくて，正しくないか
を明確にしておくとよいでしょう。

　4月の学級びらきのときは，子ども達にも緊張感があり，人間関係もできていない分，担任の話を逆に聞いてくれるということもあります。子ども達もどんな先生かと構えているからです。

　ただ，話すという意識ではなく，語るという気概が必要です。
　若い先生は，**子どもの心を奮い起こす**くらいに伝えるという気持ちを持ったほうがよいと思います。
　そして，語ったことを分かりやすく伝えた後は，**シンプルなキーワード**で繰り返し伝えていくことが大切です。
　例えば，こんな話をします。私は上手く語ることがなかなかできないので，学級通信に書いて，読むことを通して伝えています。

　長瀬先生は，君たちに頑張ってほしいことがあります。
　それは，
見せる・つくる・ひっぱる
です。具体的に言うと，
5年生として高学年の姿を見せる
5年生としての高学年の○小をつくる
5年生として○小をひっぱる
です。
　まず，5年生としてかっこいい姿，すごい姿，「さすが，高学年だ」と思うような姿をたくさん見せてください。期待しています。こうした姿はたくさんほめます。一方で，

①仲間や他人を傷つけること
②自分を傷つけること
③○小を傷つけること
は厳しく叱ります。

　特に，①と②は厳しく叱るのでそのつもりでいてください。

　いよいよ，高学年，そして中学生まであと２年。１年後，どんな自分になりたいか，どんなクラスにしたいか，どんな学校にしたいか考え，たくさん成長しましょう。

　こうして語ったことが後の学級目標に生きていきます。つまり，こうした思いを受けて子ども達が学級目標を考えていくことにつながります。子ども達だけの思いや目標に先生の思いを加えることで，よりよいゴールを設定することができます。

　大切なことは，こうした学級びらきで語ったことを繰り返すことです。西川純さんたちが取り組んでいる『学び合い』も，語ることが大切だといわれています。

　このことは，学級経営も同じだと思います。つまり，

語り続けることができるか

だと思います。

　教師として，担任として大切にしたいことは何か。

　それを語り続けましょう。

　上手くいっているときも

　上手くいっていないときも

　何度も何度も語り続けることがとても大切です。

　そうすることで，教師のこだわりが子ども達の集団としてのこだわりに変わるからです。

🌱 学級びらきは上手くいかなくても心配しなくていい

　私が一番心に残っている書籍が, **家本芳郎『〈教育力〉をみがく』(寺子屋新書, 子どもの未来社)** です。指導とは何か, 教師の子ども達に対する構えはどうすればよいかについて書かれた名著であり, 私にとってとても大きな影響を受けた１冊です。

　また, 学級や授業びらきについては, **『基礎学力をつけるワザコツヒケツ奇跡をおこす３日間―学年はじめの学力づくり』金井敬之, 川岸雅詩, 岸本ひとみ, 図書啓展 (フォーラム・A)** は, おすすめです。今でも学級や授業づくりをするときに読みます。

　ただ, 学級びらきや授業びらきの本は, 春になるとたくさん出てきます。本を紹介しても, その方にとって好き嫌いや向き不向きもあります。そのため, 読者の皆さんが書店に行き, 手にとって自分に合ったものを何冊か購入するのが一番です。

　そのうえで, 気をつけなくてはいけないことがあります。
　それは, **本に書かれている通りには上手くいかない**ということです。

　私たち教師が相手にしているのは生身の人間です。
　そのため, テキストや本通りには上手くいかないものなのです。
　だからといって, がっかりしたり, 落ち込んだりしないでください。
　大丈夫, 上手くいかなくて当然なのです。

　また, そんな時は, 私が提案した学級経営のモデルを見直してみてください。どこがよくないのかなと見直すと, 改善のヒントが見えてきます。

もう一つ大切なことは，**所属する学校の文化も大切にする**ということです。
本に書かれたことは，違う地域での出来事でもあります。
目の前の教室や学校での文化と違うことがあります。

　もちろん，目の前の教室や学校文化がすべて正しいわけではありません。
しかし，いきなり全否定して，本で学んだことや我流で押し続けると，職場
で上手くいかなくなっていくこともあり，結果的に子ども達が苦しみます。

　ですので，子どもや地域，学校の実態に合わせて，よい方法を模索してい
ってください。

　もう一度言います。
　すぐに上手くはいきません。
　しかし，それでいいのです。ゆっくりじっくりやっていきましょう。あき
らめず，粘り強く，自分の思いを明確にしていきましょう。
　それが学級びらきでは大切なことだと考えています。

ITSUKA HANA SAKU

名人に学ぶ学級経営① / 有田 和正

名人といわれる教育実践家は，学級経営をどのように考えていたのか。代表的な書籍を紹介しながら，名人から学級経営を学んでいきます。お1人目は，有田和正さんです。

有田和正

1935年福岡県に生まれる。玉川大学文学部教育学科卒業後，福岡県の公立校，福岡教育大学附属小倉小学校に勤務。筑波大学附属小学校教諭を経て，愛知教育大学教授，東北福祉大学子ども科学部特任教授を務めた。社会科・生活科教科書の著者も務めた。

「ネタ開発」や「ノートは思考の作戦基地」「一時間に一回も笑いがない授業をした教師は逮捕する」など，ユニークで子どもたちを惹きつける社会科授業は小学校教育の現場を離れてからも好評で，著書は100冊を超え，多くの学校で飛び込み授業や講演も行った。

有田さんの学級経営に関わる本は何冊かあります。その中で，今回は，『楽しい教室づくり入門』（有田和正・明治図書）を通して有田さんの学級経営，特に，学級びらきについて考えます（写真は復刻版）。

この本は有田さんが50歳をこえて書かれた本であり，「学級づくりについて正面から書いたのは，これが初めてである」と，ご本人が述べています。

- 出会いのセンスをみがく
- ユーモアのセンスをみがく
- 授業へ挑戦する子を育てる
- 一言少なく一手少ない指導を心がける
- 意欲とやさしさと安心感をもたせる

- 子どもも授業もよいところに目をつける
- 子どものよいものを引き出す
- 「すばらしい仲間たち」と思わせる

などについて教えてくださいます。

ユーモアのある笑いのある学級をつくること

は有田学級でとても大切なキーワードであり，私たちも学ぶところがたくさんあります。

その中で，今回は，有田さんの学級びらきに着目してみたいと思います。

有田さんは「出会いのセンス」を磨くことが大切だと説きます。

子どもの目は鋭く，子どもとの出会いを意識しないと上手くいかないことがあるとします。しかし，若い先生でも，「前の担任のA先生が好きだったんだね。A先生のようにはすぐ授業はできないけど，先生も頑張るよ」と，子どもの気持ちを大切にした真摯さがあれば上手くいくと，事例を挙げて紹介しています。

そのうえで，飛び込み授業も多かった有田さんは，4つのことを心がけていました。

目：できるだけやさしいまなざしで，子どもに語りかける。

表情：柔和なほほえみをもって語りかける。

ことば：思いやりのこもったことばで語りかける。

からだ：からだ全体で思いやりを示す。

もちろん，語りかけるだけでは1年を通すことは難しいので，今回紹介した本や様々な本でユーモアのあるクラスを目指した学級経営を目指されていました。詳しくは，古川光弘さんの

『有田和正に学ぶ　発問・授業づくり』（黎明書房）

『有田和正に学ぶ　ユーモアのある学級づくり』（黎明書房）

を読むとよいでしょう。有田さんの実践を継承しようと取り組まれ，まさにお弟子さんが書かれた書籍だといえます。

ぜひ，ユーモアで楽しい教室づくりを学んでいきましょう。

第2章

学級経営の
ゴールを立てる

学級経営で一番大切なことは，目標，つまりゴールを持つことだと考えています。

　学級は，学校，市，県，そして国の目標や目的に応じてその目標が設定されていきます。

　教育基本法には，

（教育の目的）

第一条　教育は，人格の完成を目指し，平和で民主的な国家及び社会の形成者として必要な資質を備えた心身ともに健康な国民の育成を期して行われなければならない。

とあります。

　この大きな目標（ゴール）を具体的に達成させるのが学級経営で一番大切なことだといえます。

　しかし，学級目標をつくっただけで終わっていたり，担任として，子ども達にどんなクラスにしたいかが明示されていなかったりしているときがあります。

　そのため，ゴールについて学ぶことは，実は教師としての自分を見つめ直し，学級を経営し，子ども達を育てていくうえで一番大切なことだといえるでしょう。

　ゴールで大切なことは，
・**伝えたいことをはっきりさせる**
・**目標を決め，伝え，徹底する**
・**粘り強く繰り返す**
です。

明確なゴールをよく考える

学級経営で大切なことは，

学級や教室を受け持ったときに，担任として，

どのような目的や目標を持っているか

にかかっていると思います。

　例えば，サッカーの監督は，

どうやってチームをまとめ，

どんな戦略を立て，

どんなトレーニングをして，

どうやって試合に臨むのか

と目的や目標，そして方法を考えていきます。

　大学を出たらすぐ担任になる人も多いですが，保護者の方は1年目であっても待ってはくれません。そのため，もし，学級担任としての経営方針や目的を突然尋ねられたら，「こんなクラスにしたい」と，自分の考えを言えるようにしたいものです。

　私の初任時代，こうしたゴールは持っていませんでした。

　クラスが苦しくなって，悩んで，そして，「こういうクラスにしなければいけない」という考えに至りました。

　若い先生や初任の先生は，まず，担任としてどんなクラスにしたいのか，ノートに書き出してみることをおすすめします。

どんなクラスにしたいのかを考えよう

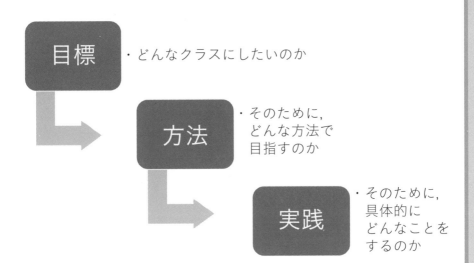

どんなクラスにしたいかは,
一度, 紙に書くことをおすすめします。

どんなクラスにしたいかを明確にすることで,
子ども達にも自分の思いを伝えることができます。

目標を達成する具体的な方法を考える

目標を達成するために具体的な方法を考える必要があります。

例えば，「相手を思いやる」という目標であれば，

・**プリントなどの渡し方，配り方**

・**丁寧な言葉づかい**

・**挨拶**

といった内容を，より具体的に指示することを考えなくてはいけません。

一つ一つの活動内容に教育的意味や意義があるかどうかを検討する必要があります。

例えば，相手を思いやるという目標は，子ども達の姿が変容しないと達成できません。

そのため，

・**プリントを配るとき，「はい，どうぞ」と言って渡せる，配れる**

・**「ありがとう」「失礼します」といった，場や相手を考えた言葉が使える**

・**どの友達でも先生でも自分から挨拶ができる**

といった具合です。こうした姿はなかなか意識して指導をしていかないと子ども達はできません。

つまり，

目標を達成するための細やかな指導や配慮

がとても大切になります。

また，子ども達への細やかな配慮とは，口うるさく言うことではありません。大事なことは，指導や指示の目的は，子ども達に「目標のために頑張ろう」と励ましたり，ほめたりして気持ちを高めていくことです。だからこそ，クラスの子ども一人ひとりの様子を記録したり，メモしたりして様子を見ていく必要があるのです。

目標に対する具体的方法を考える

目標		
例 ・相手を思いやる 　クラスにしたい	**方法（変容するための方法）** 例 ・プリントなどの 　渡し方，配り方 ・丁寧な言葉づか 　い ・挨拶	**実践（変容するための 具体的な手立て）** 例 ・プリントを配るとき， 　「はい，どうぞ」と言っ 　て渡せる，配れる。 ・「ありがとう」「失礼し 　ます」といった，場や 　相手を考えた言葉が使 　える。 ・どの友達でも先生でも 　自分から挨拶ができる。

目標を決めたら，
目標を叶えるための方法を考えていきます。
そして，どうすればその方法によって
目標が達成できるか，
具体的な手立てを考えていきます。

学年・学級目標はつくってからが勝負

　多くの学級には学年・学級目標があります。

　私が子ども達と学級目標をつくるときは，

①**教師の思いを伝え**

②**一人ひとりの子どもの思いを聞き**

③**そこからキーワードを出し**

④**話し合いながら組み合わせ**

⑤**学級会で決定する**

という方式で行います。ただし，**学級目標を設定しただけで終わらない**ということがとても大切です。つまり，

常に学級目標に立ち戻って考える活動

を取り入れる必要があります。例えば，

・**学級目標を帰りの会や朝の会で毎日唱和する**

・**学級目標について月ごとにその達成について自分の状況を振り返る**

・**学級通信で学級目標を題名の隣にのせる**

・**振り返りで学級目標について話をする**

などといった活動が大切です。

　もっと分かりやすくいえば，

様々なところで，事あるごとに学級目標に立ち戻る

という指導が大切です。

　常にゴール＝学級目標を意識させることで，子ども達の意識の方向が変わっていきます。つまり，自分勝手な視点になってしまったり，仲間と不公平を感じたりする「個」の視点から，ゴールを意識した「公」の視点に変えていくことができます。

学級目標はつくってからが勝負

といえるでしょう。

学年・学級目標はつくってからが勝負

常に目標に
立ち戻って
考える

目標を
意識する
取り組み

目標
完成

学年・学級目標はつくってから，
告知し，周知し，
常に子ども達の心の中に
残し続けることが大切です。

目標ができたら伝えることを大切に。

心理的安全性を大切にする

2020年以降，

心理的安全性

という言葉がよく使われるようになりました。

ピョートル・フェリクス・グジバチ氏によれば，

「心理的安全性は，ハーバード大学で組織行動学を研究するエイミー・エドモンドソン氏が最初に提唱した概念で，「対人関係においてリスクのある行動を取っても，『このチームなら馬鹿にされたり罰せられたりしない』と信じられる状態」であるとし，彼なりの定義によれば，「メンバーがネガティブなプレッシャーを受けずに自分らしくいられる状態」「お互いに高め合える関係を持って，建設的な意見の対立が奨励されること」といわれています。

特に，ピョートル氏が「心理的安全性」は非常に誤解される言葉であると指摘し，その本質は，表面的な笑顔ややさしさで，良好そうな人間関係を取り繕うことではなく，「自分らしくまわりの人に接することができる」と述べています。

学級経営に置き換えていえば，

「このクラス（の仲間）なら自分らしくいられる」

にすることが心理的安全性のある学級だといえるでしょう。

それは，ピョートル氏が「相手と意見が違ったなら，対立を恐れず，『自分はそう思わない』とはっきりと自分の考えを伝えられること」と述べているように，明るく「なあなあ」の関係ではなく，目標に向かって自分らしく意見を率直に言い合える関係をつくっていくことが大切です。

参考　ピョートル・フェリクス・グジバチ『心理的安全性　最強の教科書』東洋経済新報社

学級に心理的安全性をつくる

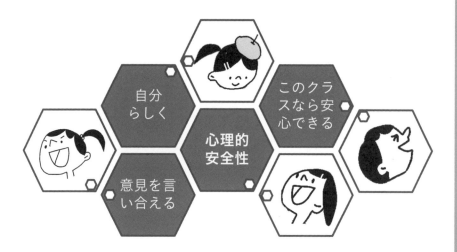

このクラスなら
自分らしくいられる，
自分の意見を言い合える，
という場をつくることが大切です。

とにかく，やさしいだけではなく，
お互いに信頼して話し合える関係性や場をつくることを
目指していきましょう。

心理的安全性の達成をゴールとしない

ピョートル氏が述べているように，
「心理的安全性をゴールとしない」
ことが大切です。

「学級の居心地がいい」だけを目標とすると，お互いに傷つくことを恐れ，「なあなあ」の関係性になる可能性があります。

大切なのは，成果を出すことです。
学級の成果といえば，「授業」だといえます。

授業で高め合える
授業で学び合える
ことに着眼することが大切です。

どんなによい学級をつくっても，次の年にはこの学級は解散となります。
よい学級をつくるのは，一人ひとりに力がつくようにするためであり，それ自体をゴールにするのではありません。

そのため，心理的安全性をゴールとするのではなく，
あくまでも授業で学び合えるための心理的安全性がある学級
を目指し，そこで子ども達が育っていくことをゴールとすることが大切です。

参考　ピョートル・フェリクス・グジバチ『心理的安全性　最強の教科書』東洋経済新報社

学級で心理的安全性にすることを
ゴールとしない

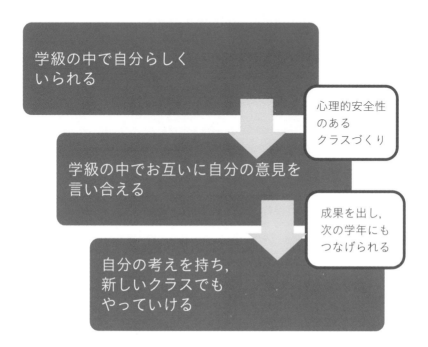

あくまでも
心理的安全性は
クラスづくりの通過点。

自分らしくいられるクラスをつくりながら,
お互いに意見を言い合える授業づくりを目指し,
次年度へ巣立っていくことを意識しましょう。

学びを深めるために②
クラスで目標を持つための考え方

個人育成と集団向上のゴールを提示しよう

　学級経営のゴールにはどんなものがあるのでしょうか。

　私は,

個人育成のゴール

集団向上のゴール

という２つのゴールがあると考えます。

　まず,育成のゴールについてです。

　学校の大きな目標,それは何よりも子どもを育てることです。

　それは,

一人ひとりの学力の向上

です。

　知識や理解だけではなく,思考力,判断力,表現力といった力も大切です。

こうしたすべての学ぶ力としての学力の向上です。

　もう一つは様々な人と関わる力,

　つまり,

人間関係の力の向上

です。

　こうしたことは,一人だけではなかなか学ぶことができません。

　つまり,

集団で学ぶこと

として価値があります。これが学級で学ぶ意義です。

　また,学級経営はこうした育成のゴールだけではありません。

　つまり,

学級の集団を学習集団に変えるゴール

という

集団としての力を高めるため

のゴールがあります。

　私が以前勤務していた岐阜県では，

学級集団から学習集団へ

という言葉があります。

　つまり，

学習できる組織にすること

が大きなゴールといえるでしょう。

 みんなで学級をつくっていこう

　学級びらきをするときは，学年で話し合うことも大切です。

　そして，目の前の子ども達に余裕をもって向き合うことができるように，リラックスして臨むことも大切です。

　また，何をしたらいいか分からないときはどんどんまわりの先生に聞きましょう。若い先生の大事な仕事，それは，

どんどん先輩に聞く

ことだと考えています。

　そして，

学年で合わせる

ことも時には必要です。

　自分の考えと大きく離れているときは学年の先生に説明をし，みんなで納得して進めていくことが大切です。

つまり，

自分だけではなく学年で動いている

ことも考えなくてはいけません。

　つまり，**教員もチームで動く**

という意識がとても大切です。

　それは，結果的に子ども達にとってベストの選択になっていくと思います。

🌱 子ども達が主体となるように

　学級経営の主体は子ども達です。

　私自身，先生だけが頑張り続け，上手くいかなかったことが今まで多くありました。先生が頑張り続けても子ども達が協力してくれないと上手くいきません。多くの会社で社長さんがすべての仕事をしているわけではありません。多くの仕事は社員がします。同じように，子ども達ができることは子ども達でできるようにしようと考えました。そこで，

・**このクラスで1年をかけて成長していきたい**

・**このクラスをこんなクラスにしていきたい**

・**自分はこのクラスのためにこんなことをしていきたい**

という思いを子ども達に持たせていくことが大切だと考えました。

　また，そのために，**1冊ノートを持たせて自分を振り返らせながら**書かせたり，話をさせたりしながら取り組ませようと考えました。特に，

「書く」

という行為は子ども達の成長にとって，とても大切です。それは，

子ども達が学級や自分自身を省察することができるからです。

　大事なことは，子ども達に

「自分のクラスは大切なものなんだ」

と思わせることです。つまり，**オーナーシップを子ども達に持たせましょう。**

また，

「自分のクラスのために自分は何ができるか」

を考えさせていくことも大切です。

　クラスのため，仲間のために自分ができることを考え，行動に移させていくことが重要になります。

　そのために，子ども達ができることは，どんどん任せていきましょう。日直や当番もやらされてするというのではなく，自分達が学級を運営するという視点で関わらせていくことがポイントになります。

　例えば，「先生がひと言も言わなくてもできるかどうか確認する日」を設定して，自分たちで声をかけながら活動していってもよいでしょう。先生がいなくてもクラスを自分達で動かしていくんだという愛着と意識づけが学級経営には欠かせません。

　子ども達が安心し，安定して，向上しながら学ぶ【場】をつくることが，担任の仕事として何よりも大切であり，その一つが学級の「目標設定」だと私は考えています。

名人に学ぶ学級経営②   長岡 文雄

学級経営の名人2人目は，長岡文雄さんです。

長岡文雄

　1917年福岡県に生まれる。福岡県の小倉師範学校を卒業後，福岡県公立小学校訓導，小倉師範附属小学校訓導となる。文部省中等教員検定試験（習字）に合格，戦後，学校教育から毛筆が消えようとしたとき，毛筆習字，書道の復活運動を展開した。奈良女子高等師範（現在奈良女子大学）訓導となり，終戦後は，「奈良プラン」と呼ばれるカリキュラム作成と実践に取り組む。奈良女子大学附属小学校で長年勤務し，副校長も務めた後，兵庫教育大学附属小学校の副校長（教頭），その後，兵庫教育大学教授，佛教大学教授を務めた。

　毎年，研究発表会になると，「〈この子〉の成長にせまる」と呼ばれる長岡文雄の授業を見るために全国から教員が集まり，有田和正など多くの教師に影響を与えた。

　戦前，戦中，戦後と子ども達と共に授業をつくりあげた長岡実践には，一人ひとりが大切にされる学級づくりが欠かせませんでした。長岡さんは「子どもをさぐる」という言葉をよく使いました。つまり，子どものことを「よく見る」ことから学級や授業づくりを目指しました。

　長岡さんは，「子どもにとって楽しい学級とは」というテーマで次のように述べています（教育開発研究所『学習指導研修』1983）。

- 「この子」の願いが実現する学級
- 温かい家庭的雰囲気をもつ学級
- 「わたし」を表現し，質問し合える学級
- 「真剣な共同追究」のある学級
- ユーモアのある学級

- ●「つくり出す活動」をもつ学級
- ● 係活動に個性を生かせる学級
- ● 教師に誠意と温かさがある学級

　そのうえで，今回は，1年生の学級づくりと学級会活動に着目してみようと思います。長岡さんの著書で現在手に入る可能性があるのは，明治図書からの復刻版『小学1年　学級づくりと学級会活動』のみです。今後，電子図書も検討されていくと思いますが，長岡さんの低学年社会科実践は，有田さんも述べていたように大変参考になるものが多く，学ぶところがたくさんあります。

　　長岡さんは，1年生と関わるときの教師の姿勢を問います。

**　教師も「遊ばせるのだ」というような姿勢でなく，自分も子どもといっしょに遊び切るような心境になって，子どもと楽しむことができれば指導は成功する。教師であるから，子どもなみになってしまうわけではないが，人間としてはだかでぶつかり，自然さをつかむことが大切である。**

（『小学1年　学級づくりと学級会活動』明治図書）

　長岡さんの子どもの中に入っていく，一緒になって子どもの側になってみるという取り組みは，若い先生にぜひ持ってほしい姿勢です。一方で，長岡さんはこの本の中で，教師の「場」として，指示をしたり，枠組みをつくったりすることも大切であることを述べています。

　残念ながらほとんど長岡さんの本は絶版しています。そのため，拙著『長岡文雄と授業づくり―子どもから学び続けるために―』（黎明書房）を読んでいただけたら嬉しく思います。

第3章

学級経営の
システムをつくる

学級経営のゴールを達成するために，手段やしくみを考える必要があります。

　学級にいる子ども達が，学習できるように集団を組織したり，学びやすい場にしたりする必要があります。そのために「システム」という考え方が必要です。

　この「システム」はどちらかといえば，あまり意味や意義を考えずに行われてきたところがあります。朝の会や帰りの会，給食や掃除など，「とりあえず」という形で取り組み，上手くいかなかったケースがほとんどです。

　また，第4章以降で述べる，ルールや関係（リレーション）づくり，文化や風土づくり（カルチャー）は，このシステムが機能しないとまったく上手くいきません。

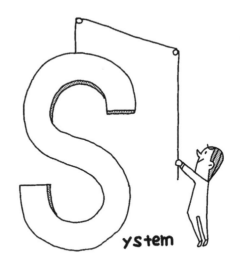

ystem

　システムは簡潔にいえば，「時間をかけず，効果的に教育的な活動ができるようにするしくみ化」です。

　システムの視点は，
・時間管理
・見通し（ロードマップ）の設定
・視覚の工夫
・給食，掃除，日直，当番の意味づけ
・班づくりや席替えによる組織化
など，極めて多様です。

　しかし，このシステムをいかに構築するかによって，学級は大きく変わってくると思います。

学級びらきまでにへとへとにならない

4月の学級びらきまでで一番大切なこと。それは何より，

学級びらきまでにへとへとにならないこと

です。

学級びらきの準備に力を使いすぎて疲れきっては意味がありません。私自身，あれもしたい，これもしたいと考え，ふらふらになってしまい，学級びらきの前日には心も体もがっくりきていることがありました。

でも，それは，子ども達のためにはなりません。

そこで，学級びらきまでの仕事は優先順位をつけ，大切なことからできる範囲ですることをおすすめします。そのために，todo リストを使って，優先順位を立てて仕事をしていくことが大切です。

学級びらきに向けた仕事は，

・学年でしなければいけない仕事（学年目標，学年での準備など）

・学級に関する仕事（教室の整理など，クラスに関する仕事）

・個人に関する仕事（児童調査票などの個人に関する書類の仕事）

・授業準備

・学級びらき当日の動きの確認

などがあります。

まず，優先すべきは子ども達の安全管理，個人情報の保護など，子ども達を危険にさらさないことです。特に，4月のはじめは多くの仕事があります。その仕事に流れてしまうのではなく，**子ども達にとって何が大切か，何が今するべきことなのか**をよく考える必要があります。

そのうえで，若い先生は，学級びらき前日には，

明日 1 日の詳細なスケジュールを立て，リハーサルをする

ことが一番大切なことだと考えます。

子ども達との出会いの演出をよく考えていきましょう。

学級びらきまでにへとへとにならないように

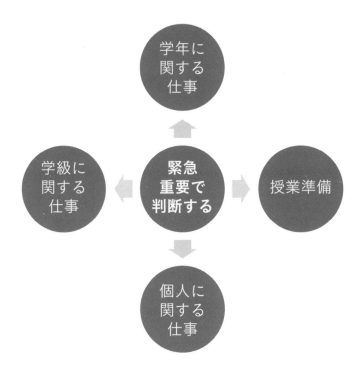

膨大な仕事があるので,
何を優先的に進めていくかをよく考えて行いましょう。

短い春休みの時間を有効に使い,
様々な仕事を計画的に進めましょう。

学級びらきには細かい計画案を

学級びらき１日目は，詳細な案をつくり，取り組んでいくことが大切です。
詳細な案をつくることで，学級のイメージがつくれるからです。

静岡教育サークルシリウスのホームページを参考にするとよいでしょう。
非常に多くの有益な学級びらきの情報が掲載されていますので，若い先生に
もベテランの先生にも学ぶところはたくさんあります。

また，２日目は，私の場合，しなくてはいけないことリストをつくり，で
き次第どんどんチェックするようにしています。

ただし，

案にこだわりすぎない

ことも大切です。

案はあくまでも案です。

上手くいかなくてもそれを楽しむくらいの気持ちが大切です。

また，結構な量の配布物もあります。

それらを素早く配れるように束ねておくなどの工夫もしておきましょう。

当日は，子ども達を笑顔にすることをまず考えてください。

学級びらきは詳細案を用意しよう

Ⅰ日目：タイムスケジュール

第5学年方針：見せる・つくる・ささえる／明治小学校のリーダーになろう

時間	取り組むこと	留意点
8：50	始業式	・子どもたちの様子をよく見て，あとでほめることができるように
9：15	指示：始業式の後，教科書を持ってきてくれる人の呼びかけ	・自分から「運びますよ」という子をしっかりと覚えておいて，自分から動けることの大切さを後で伝えられるようにする
9：25	クラスにて ①教科書を自分から運んでくれた人をほめる ②自己紹介 ③担任としての思い（学級通信を読む）	・通信を読みながら自己紹介をする ・担任としての思い 　・高学年として　　　・相手を思いやる
9：50	④呼名 　・「はい」一返事をする大切さを伝える 　・返事で一番よかったことを決めると伝える 　・一人ずつ呼んでいき，一番よかった人をほめる ⑤拍手や笑うことを大切にすることを伝える	・いじめは絶対だめ　・自分から ・ゲーム的な要素も取り入れながら ・お腹から声を出すことを大切に ・ゲーム的な要素も取り入れながら 　（中村健一さんの実践をする）
10：05	詩「今日からはじまる」を読む 暗記することを目標に	・詩をみんなで読み，暗唱していく ・暗唱できた子をほめる
10：20	中休み	・子どもたちの様子をしっかり見ておきたい
10：40	配布物を配る 　□児童調査票：要注意・要確認 　□教科書：名前を必ず書くように 　□学校だより・学年だより・資料	・配布物を忘れないように気を付ける ・名前の記入の用意
11：20	帰りの会	・帰りの会を実際にやってみて，自分たちで進めていくことができるようにする
12：00	お弁当	・誰とでも食べていいが，一人にならないよう声をかける
12：55	着席，入学式に向けての心構えを話す	・高学年としての意識を話す
13：10	体育館に出発（入学式へ）	

＊岐阜県の教員時代の実践をもとに作成

2日目：チェックリスト

＊岐阜県の教員時代の実践をもとに作成

●朝の会
□あいさつのトレーニング：イスの出し入れ（音なし）
□座ったあとの姿勢

●１時間目
□今日からはじまる／暗唱
□今日からはじまる／中庭に向けて叫ぶ
□あしへそはい
　　あいさつ　しせい　へんじ
　　そうじ　はきものそろえ　イスいれ
□あいさつゲーム
□ドア開けゲーム
□集合10秒ゲーム
□移動15秒ゲーム…移動→出発練習
□靴箱指導
□班長，代表委員を決める
□給食当番のボランティアを募集する
□クラスのめあてに向けた話し合い

ゲームをしながら，
すごし方を確認する

●２時間目
□あいさつ／ここは繰り返す
□当番／くじ
　…この番号で給食・掃除場所・当番を決める
□音読カードづくり

□交通安全教室の確認

●3時間目／交通安全教室

●4時間目・5時間目／学活→国語
□筆箱指導→この1年でどんな自分になりたいか（ジャーナルに書く）
□この1年でどんな自分になっていたいかを黒板に書く
□傾聴の大切さを確認する
□傾聴に取り組む
□サークルで語り合う（1分交代で）
□振り返りを書く
□新出漢字
　　□音訓部首×3回音読み→指書き（空手風）→空書き→なぞり書き
　　□小テスト→間違えたら3回練習（その間に覚える）→3回繰り返す
　　　→次の新出漢字5問へ　※小テストが入ってくるときは2回にする

●帰りの会
□振り返り
□持ちもの確認
□ほめる

学級びらきの3日間程度は，
具体的に何をするかを
取り組む時間も加えながら，
詳しく書いていくようにしましょう。

4月は1週間分の予定を立ててしまう

　4月は，

1か月先を考えながら，

1週間の予定を決め，

1日に力を入れること

が大切です。

　そのため，1週間分の予定を立ててしまいましょう。そして，初日に全力投入していく気持ちでモチベーションを高めていくことが必要です。

　つまり，1か月の1，1週間の1，1日の1のプランが必要です。

　また，定年退職まで横浜市で小学校の教員を務め，その後も初任者をはじめとした若い先生を指導していた野中信行先生は，**「3／7／30の法則」**を提言しています。

　これは，最初の3日間で「この先生と頑張っていこう」という気持ちにさせ，最初の1週間で学校生活のシステムを定め，最初の1か月で定着させるという考え方です。

　4月はどんな行事や活動があるかを大まかにメモしておき，1週間分の予定を立て，そのうえで，1日目，

「この先生，楽しいな。一緒にやってみたいな」

と思わせるような取り組みを入れていくことがとても大切です。

16

1か月を考え，1週間の予定を決め，1日に力を入れる

| 1か月を
考える | 1週間の
予定を
決める | 今日
1日1日を
丁寧に |

4月の
過ごし方

4月は忙しいですが，
子どもも「頑張ろう」と前向きな時期です。

GWまでの1か月を考えながら，
1週間先までの予定を
大まかでもいいので決めましょう。

そして，今日1日に力を入れること。

大切なのは，笑顔でゆったりと進めることです。

安心して学べるための場をつくる

　システムづくりで大切にすることは,

子ども達が安心して学べる場をつくる

ということ。安心して学べるというのは, 子ども達自身が

何をしたらいいか

がまず分かることです。

　そのため, ４月のクラスづくりのシステムの中で最低限することとして,

・日直・当番・給食・掃除

の分担と一人ひとりがするべきことをはっきりさせることです。

　また,

・朝の会, 帰りの会, 授業の挨拶

などをあらかじめ, 担任としてよく知って学んでおくことが大切です。

　特に, 常に, こうした活動を,

なぜするか

を明確にしておくことが必要です。

　場づくりについて, 子ども達に話し合わせて決めさせてもよいでしょう。子ども達が安心して学べる場をつくればよいことなので, する, しないは子ども達と先生が判断すればいいからです（しかし, ４月早々に学年間でズレが起きるのは避けたいので, 学年の先生とよく話し合っておきましょう）。

　先生が子ども達に与える形であれば, 時間は短くてすみます。ただ, 子ども達の主体性はあまり生まれないかもしれません。一方で, 話し合わせて決めていく場合は, 多くの時間がかかり, 決めなくてはいけないことが決められない可能性があります。４月は時間も限られ, 給食や掃除などもすぐ始まります。どちらにせよ, こうしたシステムの重要性と, 「誰が何をして, 先生がいなくても１日を過ごしていけばよいか」を担任としてよく確認しておく必要があります。

なぜするのかを考えながら取り組む

なぜするのかを
考える

安心して
学べる場を
つくる

日直，当番
給食，掃除を
決める

何をしたら
いいか
考える

漠然と係を決めて取り組むのではなく，
「なぜするのか」
を問いながら，
前向きな取り組みをした子ども達を
たくさんほめましょう。

日直や当番，給食，掃除の活動は，
子ども達の思いを，前向きにする効果があると
考えています。

ロードマップを示す

　ロードマップとは，簡単にいえば**道しるべ**，つまり，

計画や見通し

をしっかり示すということです。

　システムは，ルールやリレーションが上手くいくための方略や土台となります。そのシステムの中心となるのが，

何をすればよいかという見通しをしっかり立てる

ということです。

　見通しを子ども達に持たせるとは，

・**最終的な学級の目標は何か**
・**自分は学級で何をすればいいのか**
・**どんなルールが必要か**
・**人間関係を深めるにはどうすればいいか**
・**どんな言葉づかいをすればいいのか**

といった，具体的に何をすべきか，その道筋がよく分かるように子ども達に伝え，考えさせ，導くことだと思います。これを私は，

ロードマップを示す

といっています。もともと，ロードマップとは，プロジェクトマネジメントといって，あるプロジェクトを成功させるための計画や目標の設定などの考え方の一つです。こうしたロードマップを成功させるのが，

時間の使い方

視覚化

といえます。

　いつまでにどのようにするかといった時間管理と具体的に何をすればいいのかといった視覚化がとても大切になります。

子ども達に行動の道標を

ロードマップ（道標）を示す

・最終的な学級の目標は何か
・自分は学級のためにどんなこと
　をすればいいのか
・どんなルールが必要か
・人間関係を深めるにはどうすればいいか
・どんな言葉づかいをすればいいのか

計画や見通し
何をするべきか
を示す

ほめることで
示す

朝の会などで
話す

学級通信で
伝える

何をすることがいいことなのかを明確に示し,
その姿を認めていくと
子ども達は生活しやすくなります。

ハプニングやピンチは成長のチャンス

多くの先生が述べていることですが，ハプニングやピンチは必ず起きます。

それは，多くの人が集まる集団の特徴であり，まったくゼロにすることは不可能です。大切なことは，そうしたハプニングやピンチを，

成長のチャンス

に変えていくことです。

若い先生は，問題はできるだけ起きないでほしいと心のどこかで祈っているかもしれません。しかし，問題は，実は，成長させるチャンスであるといえます。ぜひ，若い先生は，上手くいかなかったとき，

これはチャンスだ

と思って，学級を経営するように心がけてみましょう。

また，ただ，ピンチを何回も繰り返しているようではいけません。そのため，

なぜ問題が起きたか

起きないようにするためにはどうすればいいか

を考え，実行することがとても大切です。

つまり，

分析

がとても重要です。

例えば，ケンカなどのトラブルも分析すれば，そうなる前に声かけをしておくこと，同じことを繰り返さない意識づけを今後行ったりする必要性に気づきます。特に，いじめなどの問題は小さなちょっかいやいじりに目を配り，声をかけておくことで未然に防げるものもあります。

ここにも，

子どもをよく見ていく

という教師の行為が欠かせません。

「ピンチはチャンス」の思想を大切に

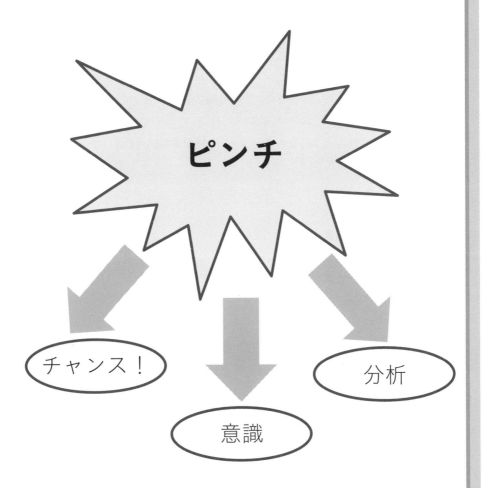

子ども達をよく見て，ピンチをチャンスに。
分析し，プラスにしていきましょう。

時間と視覚の使い方

　システムで一番大切なことは，

時間管理

だと考えています。これは横浜市の野中先生に教えていただいたことです。

　担任が持っているものは何といっても**時間の裁量**です。

　担任が許せば，１日中しゃべり続けることができます（もちろん，そんなことは誰もできませんが）。しかし，担任だけが時間を意識しても，子ども達が集団生活の中で，時間を意識していないとなかなか上手くいきません。

　時間を意識して行動しないと，

・**活動が十分にやりきれない**

・**次の活動が上手く進まなくなる**

・**全体的にルーズな雰囲気になる**

・**他の面でも意識ができなくなる**

といった問題点があります。

　そのため，

・**時間割やタイムスケジュールを示し，視覚的に分かるようにする**

・**時間を守っている子，意識している子を評価し，そうした子が認められると認識させる**

・**集団の中で時間を意識し，声かけをできるようにする**

・**授業の中でも「１分間で取り組もう」等というように，ショートスパンで意識する視点を増やす**

・**慣れてきたら「終わりの５分前」というように大胆に時間を使わせる**

といった視覚的に分かる工夫がとても必要です。

　つまり，システムは「目」で分かる，つまり，

視覚をいかに工夫するか

がポイントです。キッチンタイマーなどを使うことは極めて効果的です。

時間をいかに「見える化」するかにこだわる

時間の使い方に上手くなろう！

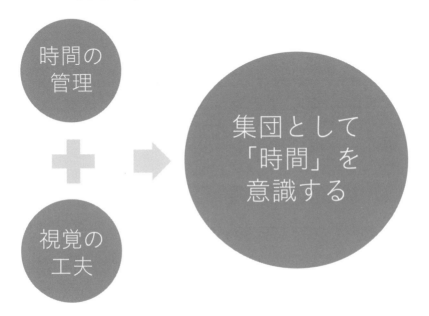

時間を上手に使えると，
学級経営が上手くなっていくと思います。
長すぎず，短すぎず，
子ども達の行動をいかに引き出すか。
時間の管理と視覚の工夫にこだわってみましょう。

掃除を自分磨きの場にする

　若い頃，安次嶺隆幸さんの『すべては挨拶から始まる！　「礼儀」でまとめる学級づくり』(東洋館出版社) を夢中で読んだことがあります。

　その中に，掃除についての項目がありました。

掃除を自分磨きの場にする

というところにとても心がひかれました。

　子ども達が一生懸命やりたくなるシステムをつくることが，とても大切なんだと思い知らされた１冊でした。掃除は，ぜひ自分を高める場にしていくことが大切です。

　掃除を無理やりやっている段階では，

掃除はしたくない

↓

遊ぶ

↓

叱られる

という悪い循環になります。

　しかし，自分磨きの場にすると，

掃除をするとほめられる

↓

よし，やってみよう

↓

認められる

↓

やる気が上がる

というよい循環になります。また，「なぜ掃除をするのか」といった根本をよく考えさせる指導も大切です。

掃除へのマインドをリセットしよう

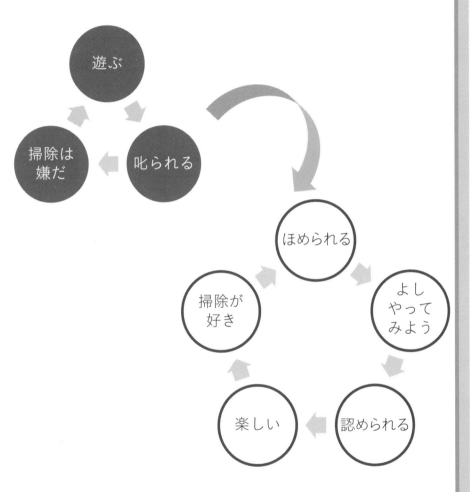

掃除への意識を変えるだけで，
その取り組みが変わっていきます。
先生の言葉の使い方もシステムの一つです。

学びを深めるために③
クラスシステムのつくり方

 そこに担任の意識はあるんか

「そこに愛はあるんか」という CM がありますが，クラスのシステムはまさに「そこに意識はあるんか」だといえます。

例えば，子ども達の大きなイベントに席替えがあります。

席替えに正解はありません。

例えば，

1. くじですべて決める
2. 班長を決め，班長がメンバーを決める
3. 男子，女子で分かれて決め，あとで合わせる
4. じゃんけんなどをして優先的に決めていく
5. 先生が決める

などの方法があります。どれを行っても問題はありません。ただし，

- **子どもが納得しているか**
- **席替えに担任の意図があるか**

が大切です。

例えば，班長が選挙で選ばれ，その班長がメンバーを決めることで，「民主主義の体験」をすることができると考えます。つまり，自分たちで選び，選ばれた人が決めるという方式です。

この方式であれば，班長をしっかり選ぶようになるし，班長の責任も増え，リーダーの育成にもつながります。

ただし，これが低学年だと変わってきます。つまり，

子ども達の実態に合わせる

ことも大切な視点だといえるでしょう。

また，当番や係活動についての担任のねらいや意識は欠かせません。

若い頃，こんな話をしていました（今は別の方法でしています）。

　当番とは「この仕事をしないと，クラスが上手く動いていかない」活動のことです。当番活動には，①日直当番　②給食当番　③掃除当番　④常時当番の４つがあります。あまり知らないのは，④の常時当番だと思います。これは，窓を開けたり，机をそろえたりする仕事です。低，中学年の頃は係と一緒になっていたかもしれません。５年生は，「一人ひとりが自分の仕事に責任を持って取り組んでほしい」ので，日直の仕事をへらし，一人ひとりが何かの当番の仕事をします。これは，自分のしたいものだけではなく，どの仕事にも取り組んでほしいので，くじで決めます。中学校や大人になれば，必ずしも，自分がしたい仕事をするとは限りません。サッカー選手でもFW（点を取る人）がずっと点を取るだけじゃなく，守りの仕事をするようにです。そのため，どの仕事でも明るくさわやかにできるようにあえてくじで決めます。ちなみに，仕事の内容はどれも10分以内でできるものです。当番はまた変更していきます。

　「では，日直はどのような仕事をするのか？」
　それは，基本的には一人ひとりの当番活動のサポートとチェックです。
　日直の主な仕事は，
・あいさつ　・司会　・当番活動のサポート＆チェック
です。当番が仕事をしているか。チェックやサポートをしていきます。当番の人がいるので，みんながしっかりと仕事をすれば，日直の仕事はとても楽です。
　しっかりとみんなが仕事をして，クラスを動かしていく。
　それが日直の大きな仕事です。

　大事なことは，
１日１日を子ども達だけで過ごしていけるようにすること
です。このことは兵庫県の古川光弘先生から学びました。

もちろん，学級が始まったら，1時間話し合い，当番の活動を変更することもあります。ですが，いきなり，「当番は何がいい」と聞いていたのではまず上手くいかないといえるでしょう。私はこうした失敗を何度もしてきました。

　そのため，日直は何をするか，当番はどのようなものがあるかを教師が先に提示できるように準備をしておくことも大切だと思います。もちろん，提示できるようにしつつ，子ども達に話し合わせ，提示しない先生もいると思います。逆に，先生主導で進めていく人もいるでしょう。

　ただ，大事なことは，授業について調べておかないで授業に臨むのと同じように，日直，当番，係もある程度調べておく必要があるということです。ここに教師の学びがあると思っています。

🌱 無理をしないことも大切

　学級掲示はあくまでも学級という集団や教室という学習環境をよくするためのものです。しかし，掲示を頑張りすぎてしまうことがあります。

　そのため，

本当に必要な掲示をする

ことを心がけることが大切です。

　ただ，学校や学年によって指定があると思います。そうしたときは，

できる範囲でする

ようにしましょう。無理をする必要はまったくありません。

　ちなみに私の場合，後ろには，

・子ども達の目標などの個人の書いたもの

・月ごとの目標とその結果（成長の証）について写真をたくさん貼ったもの

を掲示しています。

　私の先輩はよく，いろいろな学校に行ったときに掲示物を写真で撮って，ファイルに綴じていました。そして，その中で自分の気に入った掲示の方法

を真似していました。学級掲示は教師の思いが出るので，たくさんの教室を見て，たくさんの掲示物から学ぶことがとても大切だと思います。

　ただし，何度も言いますが，できる範囲で継続して取り組むことが大切です。

　また，継続して学級づくりに取り組んでいくには，一人の先生だけで頑張るのではなく，多くの先生で学級を支えていくことも大切です。それが学級崩壊を少しでも減らせる方策だと考えています。そのため，教科担任制を検討するのもよいでしょう。

　教科担任制の利点として，

1．学年の児童の様子が分かり，共有できる

2．様々なトラブルに対しても学年として対応できる

3．教材研究などの時間を重点的にとることができ，より時間をかけて授業に臨める

4．苦しい学級を担任の力量任せにしなくてもよい

5．ずっと同じ教員と生活するのではないので，マンネリや慣れ合いが少なくなる

6．担任には見えなかった部分が見え，それを共有することができる

7．中学校への心の準備にもなる

8．教師のそれぞれのよさを発揮できる

9．毎週，時間割を話し合う機会が増え，学年にコミュニケーションが生まれる

10．時数に対してより厳密に対応できる

などを挙げることができます。

　一つの教科を入れ替えるだけでも，大幅な時間短縮とより大勢の目で学級を見ることができ，学級がオープンになります。時間割や調整がなかなか難しく，課題はありますが検討する価値はあるでしょう。

名人に学ぶ学級経営③ 　　安次嶺隆幸

学級経営の名人３人目は，安次嶺隆幸さんです。

安次嶺隆幸

　1962年埼玉県生まれ。明星大学人文学部心理・教育学科教育学専修を卒業後，東京・私立暁星小学校に着任。長年勤務した後，東京福祉大学教育学部専任講師，公益社団法人日本将棋連盟学校教育アドバイザー。公益社団法人日本将棋連盟より学校教育アドバイザーとしての長年の功績を認められ，特別表彰を受賞。『将棋を指す子が伸びる理由（わけ）』を小学館から出版するなど，将棋を活かした教育実践でも知られる。

　安次嶺隆幸さんの『１年生のクラスをまとめる51のコツ』（東洋館出版社）は私のバイブルであり，１年生の担任のときは何度も読んだ１冊です。

　安次嶺さんは，この本の中で，

- 学ぶ姿勢と聴き方を育てるコツ
  挨拶はした人に価値があることを伝える
- クラスを一つにするコツ
  子ども自らが動く「スイッチ」を入れる
- 土台をつくる生活指導のコツ
  席替えは心を折りたたむ大切な行事
- 子どもが動く学習指導のコツ
  教師の立ち位置で力量がわかる
  授業カルテで子どもの指名を振り返る

などについて書かれています。

安次嶺さんの『すべては挨拶から始まる！「礼儀」でまとめる学級づくり』（東洋館出版社）では，掃除を検定方式で行う実践があります。

　まず，全員ぞうきんからスタートします。

　そして，認められた人から級があがり，ほうき，モップと使えるものが増えてくる制度です。

　これは，見る先生の目が試されます。もちろん，お互いによさを認め合って級を上げていく場合もありますが，とにかくこちらも掃除を一生懸命見なくてはなりません。

　この実践を知るまで，掃除を自分を高める場に変えていく発想はありませんでした。

　どちらかといえば，やらなくてはいけないことをしぶしぶする感じです。

　それでは子ども達は育ちません。

　『１年生のクラスをまとめる51のコツ』では，「空気のドーナツ」という取り組みが印象に残っています。安次嶺さんはプロ棋士の対局の観戦の経験から，静寂と緊張に包まれた空間を「空気のドーナツ」とみなし，クラス全体でじっくりと話を聞く雰囲気をつくっていきます。

　こうした雰囲気づくり，掃除への意識への転換なども，子ども達の学ぶ環境を意欲的にし，高めるシステムの一つといえます。

　子ども達の意識を高めるための声かけ，取り組みを意識することができたのは，安次嶺さんの本に出会ったことが大きな要因でした。

　ぜひ，低学年の先生をされている方以外にも読んでいただきたい１冊です。

安次嶺隆幸
Ajimine Takayuki

すべては挨拶から始まる！
「礼儀」でまとめる
学級づくり

東洋館出版社

第4章

学級経営を支える
ルールをつくる

学級経営のゴールを達成するために，また，集団として生活し，お互いを高めていくために「ルール」が必ず存在します。

　ルールは本当にたくさんあります。

　しかし，実際はルールが多すぎて逆に守れていない場合があります。

　もっといえば，ゴールとルールが混合していることがあります。

そこで，ルールについて考え，学ぶときの視点は，

・ルールはなぜ必要か
・ルールはどのようにすれば定着するか
・ルールを通してどのように成長させるか

といえます。
　ルールをいかに増やすかというよりいかに絞るかがポイントになります。

ルール定着の鍵は「納得」

　ルール定着の鍵は,

納得

です。このことを教えてくださったのは，家本芳郎先生でした。

　若い頃，私は学級経営に非常に苦しみ，子ども達は話をしてもなかなか聞いてくれませんでした。

　そこで学んだのが，家本芳郎さんの『〈教育力〉をみがく』（寺子屋新書，子どもの未来社）でした。そこで学んだことは,

子ども達がいかに「納得」するか

でした。

　納得することができれば，指導は浸透します。

　話を聞いてくれないとき，私は，話をしっかり聞いてくれている子をほめていきました。

　「しっかりと，話す人の目を見ているね」

　「姿勢がいいね」

　「静かに聞いているね」

と，とにかく，最初はたくさんほめました。

　すると，子ども達は聞いてくれるようになりました。

　これを少し系統立てて，どのような聴き方をしてくれるといいか分かるようにほめてみました。

　まず，姿勢（がよい人）。次に，目線。最後は静けさ，というようにです。最後は，姿勢も目線もしっかりできている，完璧という意識で「静けさ」という言葉を使いました。

　こうしたやりとりを続けていって，「姿勢・目線・静けさ」というのは聞くときの合言葉のようになりました。これは，子ども達が「聞く」ことがよいことであると納得したからだと思います。

ルールの定着は「納得する」

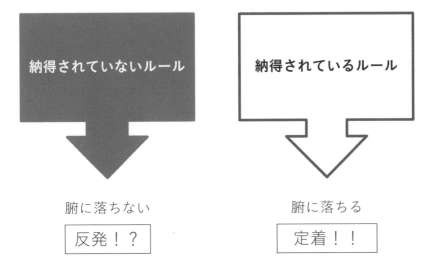

納得するということは，**腑に落ちる**ということです。
ルールや規律を徹底させたいとき，
どうしてもあせってしまいますが，
そういうときは子ども達は
腑に落ちていないことがほとんどです。

このあせりが禁物です。
「なぜ，このルールが大切なのか」を
まず納得するように話さなければいけません。
また，低学年の子ども達は，
言葉での説明だけでは納得できないことがあります。
そのため，**ほめる**という指導の方法がとても大切です。

決めたルールは貫く

ルールにはいろいろなものがあります。例えば,

①安全,危機管理のルール
・たたいてはいけない,怪我をしないように注意する,など

②集団生活を維持・向上するためのルール
・はきものをそろえよう,話すときは聞こう,など

③学習規律のルール
・話す人を見よう,鉛筆を削ろう,など

④自己実現のためのルール(むしろ,ゴール)
・目標を持って生活しよう

などといったものがあります。少し考えただけでも実はルールは膨大にあります。そのため,ルールを意識し,守るためには,

少なく,はっきり,絶対守り続けさせる

ことがとても大切です。たくさんルールがあると,何を守ればいいか,子ども達も分からなくなってしまうからです。そのため,子ども達にどうしても伝えたいルールは,

短く,はっきり

と伝えることが大切だといえます。つまり,いじめてはいけない,相手の嫌がることは絶対してはいけないといった,

明確なルールで毅然と対応する

という姿勢が大切になります。

明確に守るべきルールは
毅然と対応しよう

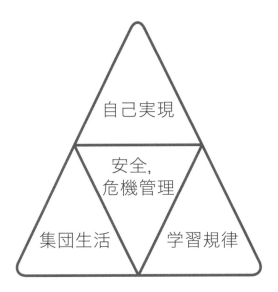

学級びらきで３つの大切なルールを話す先生の実践を
知り，同じようにしています。私の場合は，
・**人を傷つけない**
・**自分を傷つけない**
・**クラスや学校を傷つけない**
です。特に，人と自分を傷つけることをしたら，
とても叱るということを最初に伝えています。
実際，子ども達にはこうした場面では，厳しく接する
ことを徹底しています。

小さなルールからほめて，ほめて，ほめて

絶対守るルールを貫くことと同時に，

小さなルールができたらほめる

ことを大切にすることをおすすめします。

つまり，姿勢がいい，話す人を見ている，いい笑顔だ，といった小さなルールができたことを

ほめて，ほめて，ほめる

ことがとても大切です。

教師は，どうしても悪いところが目につきます。私自身もそうです。そのため，

意識をして，小さな小さなことをほめる

ことが大切です。また，ルールは，

守らないと叱られるという意識

を変えたいものです。つまり，ルールは，

子ども達が納得している同意とできるとほめられる承認

の状態であると，ルールを徹底することができるからです。

小学校低学年の場合は，最初から納得しているというより，ほめられる承認を受け，それが納得につながる場合があります。

あしへそはい

という実践があります。

これは，福岡県の桑原健介先生の実践です。

これは，あ（いさつ），し（せい），へ（んじ），そ（うじ），は（きものそろえ），い（すいれ）の頭文字をとって名づけられています。こうした集団生活の基本となるルールができたことで個人をほめたり，写真を撮ってクラス全員をほめたりすることが大切です。

参考 「あしへそはい」で子どもを伸ばす（桑原健介）
https://gakuryoku.info/media/share/kuwahara5.pdf （2023.9閲覧）

ルールが守れたらどんどんほめよう

小さな頑張りやルールへの意識を

↓

ほめて，ほめて，ほめて

↓

ルールを守ることへの共感

先生への信頼

ルールは何度も伝えて定着させていかなくてはいけません。
夏休みが終わるともとに戻ってきてしまったり，
上手くいかなかったりすることが結構あります。
それでもあきらめずに
粘り強く取り組むことが大切です。

まず，話を聞く集団に育てよう

　学級はいわゆる集団の一つの形です。

　集団を動かすことで，一番大切なことは，

話が聞けるようにすること

です。どんなすばらしい実践でも，指示が通らなければ話になりません。担任をして，まず話を聞けるかどうかが学級を経営するうえで，とても大きな分岐点になると考えています。

　話を聞かせることがうまくいっていないクラスでは，

・**話をしっかり聞いている子をほめる**

・**間をつくり，静寂を生み出す**

・**読み聞かせなど，子ども達が聞きたいと思う活動をする**

・**静かに聞いていることは価値があることだと話す**

・**抑揚をつけて話をする**

など，話が聞けるようにする工夫が大切です。

　特に，教師も

抑揚をつけ，短くポイントを絞り，分かりやすく話す

といった工夫をすることが大切です。

　中学校の担任をしていた頃，帰りの会では，子ども達にお互いに連絡等や呼びかけをさせて，担任の先生の話はほとんどしなかったことがあります。朝は，学級通信などを読み，思いをしっかり伝えますが，帰りの会では，

（生徒）「先生の話，先生，お願いします」

（私）「今日は，○○がよかったです。明日も頑張りましょう！」

といった感じで切り上げていました。こうしたときのほうが指示がよく入り，しっかり話を聞いてくれました。若い先生は子ども達がどうしたら話を聞くようになるか，いろいろ試してみるとよいと思います。

25

話を聞く集団づくりにこだわろう

- 話をしっかり聞いている子をほめる

- 間をつくり，静寂を生み出す

- 読み聞かせなど，子ども達が聞きたいと
  思う活動をする

- 静かに聞いていることは
  価値があることだと話す

- 抑揚をつけて話をする

「聞く」集団にしていくと，
ルールは定着しやすくなります。
まずはどんどんほめましょう。

公平なルールを心がける

　学級経営に関する本を読むと，給食の配膳方法や時間配分のことが詳しく書いてあることがあります。

　しかし，一般的にはその学校ごとでシステムやルールはある程度決まっているので，そうしたものを運用しながら少しずつ変えていく方式をとったほうがよいと思います。

　特に若い先生や初任の先生は，まず学年の他の先生のやり方とそろえながら取り組み，そのあと，問題点を見つけたらカスタマイズする方法がよいと思います。

　ただし，共通していることは，**安全性，安心感，公平性を意識しているか**だといえるでしょう。食事は，子ども達の本音が一番出る場です。ですから，システムやルールはこの安全性，安心感，公正性が問われます。

　例えば，おかわりの仕方など，常に公平かどうか，片づけはどうするのか。一定時間待たせたほうがよいのか，食べ終わったら順番に片づけていくか，など，方法には絶対正しい答えはありません。学校によって方式が違ってくるからです。そのため，**目の前の子ども達の実態**に合わせて，この３点が守られているか考えていくことが大切です。

　そして，上手くいっていないときは，システムを見直す必要があります。

　ただ，給食指導はなかなか難しいというのが実感です。教師を20年続けてきて，いまだに上手くいっているという実感がありません。給食指導が完璧にできれば，学級経営も完璧になるのではないかと思うほどです。

　ですから，常に試行錯誤しながら子ども達とつくっていくことが大切といえますね。

ルールの視点は，
安全性，安心感，公平性を

安全性：一番大切にするべきこと

安心感：誰もが安心して生活できること

公平性：「ひいきではない」
　　　　「誰もが平等」
　　　　であること

公平性を持ったルールは
子ども達の信頼や支持を高めるので，
ルールを定めた以上，貫くことが大切です。

学びを深めるために④
ルールを守るためにはどうすればよいか

🌱 意識すればおおむね成功，つくり出せば大成功

　なかなか話を聞いてくれない，問題をよく起こすといった子はどのクラスでもいると思います。先生は何とかしたいと思います。それで，たくさん注意してしまいます。そして，お互い嫌になってしまう——そんなことがよくあります。私も経験しています。では，どうすればいいか，教師になって間もない頃，よく考えていました。

　子ども達と出会って分かったこと学んだことがあります。

　つまり，指導が必要だとこちら側が思っている子が，

「ルールを守らなきゃ」

と自分で思うようになれば，時間がかかりますが，学級として落ち着き，上手くいくのです。

　ただ，この「ルールを守らなきゃ」とその子が思っていても，なかなか担任には見えません。

　しかし，**必ず，そうした姿が現れる**ものです。そこをつかみ，

ほめる

という行為がとても重要であり，欠かせません。このほめる行為は評価することでもあります。

　つまり，子どもが意識をし，こちら側がつかんで評価すれば，おおむね成功するということです。さらに，子どもが先生と関係性ができ，

自分でこうしたい

とルールを考えるようになれば，大成功だといえます。

　子ども達にいえることは，

必ずほめられたい，評価されたい

と思っているということです。

　子ども達は，時にルールを守ろうとしたり，ルールを守らないで注目をあびようとしたりします。
　そこで，教師は，ルールを守らないことで注目をあびることは，
評価しない，相手にしない
ということを貫き，ルールを守ることを
必ず評価する，ほめる
ということを徹底することが大切です。
　これは，時間がかかります。１年間でできないかもしれません。
　しかし，学級経営は人を育てることです。種をまいてもすぐに出ないかもしれませんが，花は必ず咲くと思っています。

ルールの達成を目に見える形にする

　横浜市の小学校教諭だった野中信行先生に教えていただいて，一番心に残っていることは，何といっても，
ルールの達成を目に見える形にする
ということです。
　朝，今日１日のめあてを決めていたことがありました。そのめあてを帰りの会で確認し，３分の２以上が達成できたと思えたら，☆を黒板に書きます。そして，☆がたまったら，お楽しみ会をすることにしていました。
　こうした活動をすると，子ども達はめあてに対して意識しますし，どのようなめあてが達成できたかよく分かります。野中先生はこうしたルールの達成をとても丁寧に行い，難しいクラスを立て直してこられました。
　このように，ルールやゴールは達成したことを**視覚化**，つまり，目に見える形にすることがとても大切です。
　学級目標のところでも同じようなことを述べましたが，

めあてはつくってからが大切

です。

　つまり，めあてに向けて取り組ませ，達成したか，またはどれくらいで達成できるのかが分かることがとても大切です。

　これは，組織をつくるところはどんなところでも同じで，教師も頑張りが目に見えるとき，やはり励みになります。

　そのため，ルールの達成を目に見える形にすることはとても大切なことだと考えています。

ルールは授業で育つもの

　ルールはどこで育つのか。

　私は，授業だと思います。

　面白い授業であれば，子ども達はよく話を聞くようになりますし，聞くようになれば，こちらの思いもよく考えてくれるようになります。

　話し方，聞き方はもちろんのこと，学習への姿勢，生活の態度は，やはり授業で積み重ねて育てていくものです。

　そのためには，
・授業で取り組む子ども達を見る（さぐる）
・授業でたくさんほめる
・授業をユニークにする
ことが大切だと考えています。

最終的に自分達でルールを決めることができる集団へ

　学級の主体者は子ども達であるべきです。

　そのため，与えられるルールではなく，ルールを自らつくり出していくように育てていくことが大切です。

そこで大切なことが，**書く活動や学級会，クラス会議**などの話し合う活動です。特にこうした活動で大切なのが，

体験学習などの行事に向けてのルールづくり

です。

ゴール（目標や目的）

をつくることも大切ですが，ルールを話し合わせてつくっていくことが重要です。

　そして，できれば，

なぜ，そうしたルールが大切なのか

について話し合わせるとさらによいと思います。

　また，そうしたルールを

省察する（振り返る）

ことが大切です。

　これは，できなかったことの分析も大切ですが，

できたこと

に焦点を当てると子ども達の主体性が生まれてきます。

　そのため，

成長したこと（成果）

できなかったこと（課題）

これから頑張っていきたいこと（展望）

をノートなどに書かせるようにしています。

　本来であれば，書いたことをさらに話し合わせると効果的ですが，なかなか時間がとれないというのも事実だと思います。そこで，それを学級通信などで紹介しておけば，個で見つめたことを通信で読み合い，集団でも振り返ることができます。こうしたことを繰り返して，一人ひとりの中に規範意識が育っていけば担任としてこれほど嬉しいことはありません。

名人に学ぶ学級経営④　　　　　　河原　和之

学級経営の名人４人目は，河原和之さんです。

> **河原和之**
>
> 　1952年，京都府木津町（現木津川市）生まれ。関西学院大学社会学部卒業後，東大阪市の公立中学校の社会科教諭として30年以上年勤務。東大阪市教育センター指導主事を経て，退職後は，立命館大学をはじめ，多くの大学の非常勤講師として教職希望の大学生を教えている。NHKわくわく授業「コンビニから社会をみる」にも出演した。
>
> 　『100万人が受けたい！　見方・考え方を鍛える「中学社会」大人もハマる授業ネタ』シリーズ（地理・歴史・公民）や『「中学社会」ウソ・ホント？授業』シリーズ（地理・歴史・公民）など，子ども達の問いを生み出す意欲，関心を高めるための授業のネタ（教材）や様々な学習方法を通した社会科授業を展開し，多くの教師の支持を受けている。

　河原和之さんといえば，まさに中学校社会科の授業名人のお一人です。「え！そうなの！」「なぜだろう」と子ども達の興味や関心を高め，様々な学習方法で社会科への学ぶ意欲を引き出します。研究会も開かれ，そこには河原先生を慕う先生で溢れ，大学生もよく参加しています。

　そんな河原さんが学級経営についてまとめた本が，『「本音」でつながる学級づくり　集団づくりの鉄則』（明治図書）です。

　河原さんが勤務された学校は，順風満帆とはなかなかいえませんでした。たくさんの課題を抱え

た生徒が大勢いました。

　その中で,

● 行事づくりから本音を語り合えるクラスづくり

● 障がい者の自立に向けた集団づくり

● 不登校生徒との関わり

● 境界性パーソナリティ障害の生徒との関わり

● "荒れる生徒" とともに

● クラスに共生の場をつくるために

という視点で中学校の様々な課題を持つ生徒と関わってきました。壮絶な学級担任をしたことも赤裸々に載っています。また, 具体的なそれぞれの学期で使える学級経営ネタも紹介しています。

　何よりも大切なのは授業であり, 楽しく対話のある授業づくりを通して学級をつくっていく大切さを私たちは学ぶことができます。

　河原さんのメッセージを紹介します。

　私は教師に不可欠な, ルールや秩序を維持していく "統率力" や, いろんな生活背景を背負い, 性格もさまざまな生徒との, こころとこころのふれあいをつくる "リレーション力" も不十分な, ある意味 "学級経営力" の低い教師だった。しかし, 私は, 授業崩壊に遭遇し, 子どもから疎んじられても教材研究をつづけ, 逃げずに子どもとかかわり続ける, "粘り強さ" があった。子どもを "見捨てない" という生き方と, "粘り" が, 私を "教師" にしてくれたと考えている。この二つしかない, "ダメ" 教師が, 子どもとの格闘やかかわりを通じて, 教師として必要な資質である "統率力" と "リレーション力" を, 徐々に身に付けていった歩みを綴ってみた。今, "苦手な生徒もいっぱいいて, ほんとダメだわ" "私は, 教師に合ってないのではないのかな" と悩み, 苦しんでおられる先生方にぜひお読みいただきたいと思っている。

（『「本音」でつながる学級づくり　集団づくりの鉄則』明治図書）

第 5 章

信頼を深めるための
リレーションを育む

学級経営のゴールを達成するために，また，集団として生活し，お互いを高めていくために「ルール」と同様に大切なものがあります。それは，いわゆる人間関係といわれる「リレーション（関係性）」です。

　このリレーションが崩れていると，学級経営は非常に苦しくなります。お互いに関係がよくなくなると，集団として成り立ちにくくなり，多くの問題が起きる可能性があります。

そのため，リレーションの視点はとても重要です。

・先生と子どもとの関係
・子どもと子どもとの関係
・関係性を高めるための取り組み
・教師自身のリレーションシップ

の視点を持つことが大切です。

　特に，遊びや体験について学ぶことが多く，集団づくりについて理解できるのがこのリレーションといえます。

粘り強く子ども達がつながる活動を

　学級という集団を高めていくなかで，その要となるのが，

リレーション（関係性）をつくる

ことです。これは，子ども同士の関係性もありますし，先生と子どもの関係性でもあります。また，先生と保護者や同僚との関わりも関係します。

　　お互いに信頼し，言いたいことが言え，助け合える。

　　そして，**目標に向かって一致団結できる。**

　そうした関係性にすることが，学級経営には欠かせません。

　1年間を通じて，子どもと子ども，先生と子ども，学級と子どもというように，つながりをつくっていく必要があります。

　つまり，一つの行為や実践だけでは上手くいきません。子ども達に応じて様々な方法を使う必要があります。

　その視点となるのが，

・**承認し合う活動：お互いによさを認め合う活動をする**

・**体験し合う活動：お互いに協力し合える活動をする**

・**成功を経験する活動：集団として上手くいった，上手くなったと思える活動をする**

・**省察（振り返る）活動：自分自身や集団を見つめなおす活動をする**

といった活動を行うことです。

　関係性がよくなるには，関係性を生み出すような活動を通して学ぶことが大切です。言葉で仲良くしようと言われてもなかなか上手くいきません。

　そこで，

体験的に学び，集団で学ぶことのよさを身体で覚えていく

ことがとても大切だといえます。体験を通して，上手く関係が築けなかった子と築ける成功体験をつくらせてあげたいものです。

承認・体験・成功・省察の活動を繰り返そう

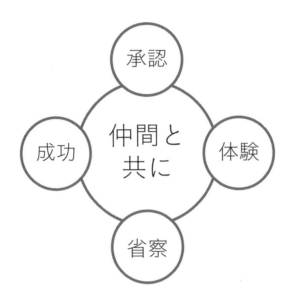

大切なことは繰り返すことです。
1回では絶対に上手くいきません。
何度も何度も繰り返し，
1年を通してやり続けましょう。

座席表を効果的に活用する

　4月のはじめ，私は必ず座席表をつくります。

　みなさんは，座席表の存在をご存じでしょうか。

　僕が座席表に出会ったのは教育実習，そして，「社会科の初志をつらぬく会」という民間教育団体の活動でした。

　どこに誰が座っているかが書かれ，そこに，その子の詳しい内容が書かれているというものです。「カルテ」とも呼ばれるものです。

　私は，これに，子ども達のよい姿をメモするようにしています。

　つまり，

座席表にキラッと光る子どものよい姿を書く

という活動をしています。

　書くのはメモ程度でよいのでさっと書くようにしています。

　1日○人などと決めることもありますが，4月はできるだけ全員，まずよいところを見つけようと考えて書いています。

　こうした座席表を効果的に使うことはとても大切だと思います。これは，若い先生にはぜひおすすめしたいことです。

座席表にキラッと光る
子どものよい姿を書こう

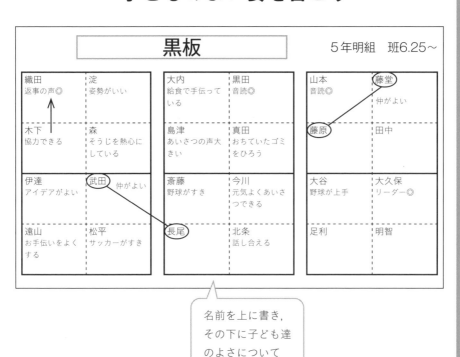

名前を上に書き,
その下に子ども達
のよさについて
書いていきます。

課題を書くことも大切ですが,
子ども一人ひとりのよさを書くことで
子ども達の姿が見えていきます。

とにかく笑わせる

中村健一という山口県の先生をご存じでしょうか。

私が尊敬する教育実践家です。

中村健一さんの本を若い先生は読むべきですし，読んでほしいです。

読むと，絶対自分の教室で活用したくなります。

断言してもよいです。

中村先生の実践のすばらしいところは，

笑い

を教育活動の中心に据えたことです。

笑うことは関係性を高めます。

それは，相手を馬鹿にする笑いではなく，お互いに笑い合えるということです。

若い先生には教室でとにかく笑うことが多くなるような工夫をしてほしいと思います。例えば，「拍手」を三本締めにしたり，合わせたりするだけでも教室が一体となります。笑いのあるクラスをつくることは，より良好なクラスづくりにつながります。

また，笑うことが少なくても，

笑顔

になるぐらいはしたいものです。

教室で笑顔があふれていれば，学級が崩壊することはまずないでしょう。

教師は，笑いを生み出す技術をたくさん身につけてほしいです。

笑う機会を増やそう

△感情に任せて怒る　　　○あえて笑える場をつくる

△しかめっ面　　　　　　○笑顔

△イライラ　　　　　　　○にこにこ

時に面白い文字が入ったTシャツを着る
だけでも盛り上がります。

感情に任せて怒ることもあります。
それで落ち込まないでください。
その分，笑顔あふれる工夫をしていきましょう。

対立を生まず，目標を意識する

　低学年であれば，友達の訴えが担任のところに多く寄せられます。

　「〇〇ちゃんが……」

という訴えです。

　それで，いつも意識をしているのですが，そこで，

　「そうだったんだね。では，どうしてほしい。どうしたらいいと思う」

と聞くことができればいいなあと思っています。実は，これがなかなかできていません。

　つまり，対立やもめごとに対して，すぐ教師として何かしようとしてしまいます。これは，教師の性かもしれませんが，何とか子ども達に自分自身で目標を持たせていきたいものです。

　また，高学年の女子との関わりで苦労している先生も多くいると思います。私はいつも心がけているのは，

教師 VS 子ども

にならないようにしています。もっといえば，

目標←教師＋子ども

という意識です。教師と子どもが対立し合ってもあまり意味はありません。

　そのため，目標にいつも意識を向かせるように気を遣っています。頭ごなしに怒ったり，感情で伝えたりすることはなるべく避け，目標に応じてどんな状況かを考えさせ，自分で目標をつくるようにしています。できるだけ話を聞きますが，どちらの側にも味方になるようにし，個々でほめたり，叱ったりするようにしています（詳しくは，赤坂真二先生の『小学校高学年女子の指導　困ったときの処方箋』学陽書房　をおすすめします）。

　ただ，これは，いつも上手くいっているわけではありません。たくさんの失敗の中で私自身が学んできたことです。失敗の連続の中に成長があるのだと思っています。

対立ではなく，目標に向かう意識を

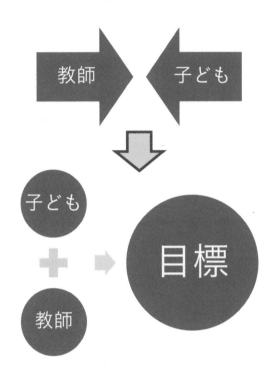

「教師 VS 子ども」から
「目標←教師＋子ども」へと
意識が向かうように工夫していきましょう。

子どもの好きなものを好きになる

　子どもの好きなものに関心を持ち，好きになることはとても大切なことです。また，好きにならなくても

関心を持つこと

はとても大切です。

　このことは，京都橘大学の池田修先生や北海道の中学校教師，堀裕嗣先生から学んだことです。

　アニメやアイドルが好きな子，スポーツが好きな子，ゲームが好きな子と様々な子がいます。その子達の好きなものを否定するのではなく，実際に興味や関心を持つことで，子ども達との関係を築きやすくなります。実際，自分自身がはまってしまうこともあります。

　こうしたことに興味や関心を持ち，調べたり，楽しんだりしていると自然と子ども達は寄ってきていろいろ話しかけてくれます。素直に嬉しいと感じてくれる子がほとんどです。

　また，「なぜ，はまってしまうのか」といったことについても少し理解することができます。相手の気持ちに立つということができます。そうすると，なぜその子が宿題ができないのかなどについても考えることができ，指導の方法も考えることができます。

　こうしたことを繰り返していくと，子ども達もこちらの思いに応えようとしてくれます。

好きなことを知り，関心を持つことでお互いが歩み寄れる

と私は思っています。

　ちょっとしたことかもしれませんが，とても大切なことだと思っています。

子どもの「好き」に関心を持つ

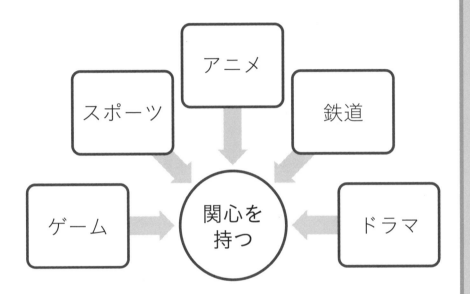

好きなことを知り，関心を持つことで
お互いが歩み寄れる
チャンスを得ることができます。

承認される環境にする

指導が必要な子をどうしても叱り続けてしまうことがあります。

その子も叱られ続けるのでいい気はしません。そのため，どうしても逸脱した行動になります。

そこで，次のような意識で取り組んだことがあります。

・**その子の好きなものを見つけ，話をする。**

・**1日に1回はみんなの前でほめる。**

・**だらだら叱らない。叱ったらほめる。**

・**イライラしていたら，話題を変え，矛先を変えさせる。**

・**一緒に遊んで，トラブルが起きないようにする。**

・**とにかく，朝からほめる。小さなことをどんどんほめる（座り方がよいなど）。**

こうした活動は，教室の中でその子を承認する活動であり，安心して学べる環境をつくっているということになります。

教師も人間ですので，イライラしてしまうこともあります。叱らなければいけないこともあります。しかし，

承認するという目標を立てて取り組む

ことで，指導が必要な子の心を少しずつほぐしていくことができると思います。

もちろん，すぐにはできません。時間はたっぷりかかります。ただ，こうした活動を継続していくことが，承認される環境にしていくことだと思います。どうしたら，まわりの仲間に承認してもらえるかも考えていくことはとても大切だと思っています。

また，「しっかり取り組んでいる子」も同時にほめることが大切です。それはクラスのロールモデルになり，「よし真似しよう」という気持ちを高めることにつながります。

指導が必要な子を
認める場をたくさんつくる

- その子の好きなものを見つけ，話をする。
- みんなの前でほめる。
- だらだら叱らない。叱ったらほめる。イライラしていたら，話題を変え，矛先を変えさせる。
- 一緒に遊んで，トラブルが起きないようにする。
- 朝からほめる。小さなことをどんどんほめる。

ルールを守っている子など，しっかり取り組んでいる子をほめることも大切に！

指導が必要な子を認める場をたくさんつくりましょう。
また，「しっかり取り組んでいる子」も
同時にほめることが大切。
それはクラスのロールモデルになります。

学級通信は継続する

　学級通信は継続して出すことが一番大切です。毎日出しても週に２回出してもよいですが，とにかく，継続して続けることが大切です。

　学級通信のルールとして，

・ネガティブ，マイナスな内容は書かない
・子どもをほめる場とする
・不公平感を出さない

という３つが大切だと考えています。

　そのうえで，継続して続けるために，私は，

・写真をたくさん使う
・子どものコメントをできるだけ偏りがないように紹介していく
・イラストや絵などをあまり入れない
・通信に時間をかけないように１枚10〜30分程度でできあがるものにする
・土日に３枚から５枚程度，書ける通信は先に書きためておく

といったようなことをしています。

　ちなみに４月は，

・自己紹介（子ども達が喜ぶように。この日だけはイラストを使います）
・こんなクラスにしたいという担任としての願い
・保護者の方へのメッセージ

を載せています。

　学級通信は，担任としてのその先生の文化がよく分かります。

　ぜひ，大勢の先生に通信を見せてもらいながら，自分に合ったものをつくってほしいと思います。

学級通信は無理なく続けること

ポイントは時間
がかからないよ
うにすること

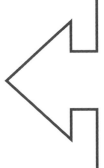

学級通信のルール
・ネガティブ，マイナス
　な内容は書かない。
・子どもをほめる場に。
・不公平感を出さない。

・写真をたくさん使う。
・全員のコメントをでき
　るだけ日数を分けなが
　ら紹介していく。
・イラストや絵などを入
　れない。
・通信に時間をかけない
　ように1枚10～30分
　程度でできあがるもの
　にする。
・土日に3枚から5枚程
　度，書ける通信は先に
　書きためておく。

学級通信は「ほめる」ツールとして考え，
続けていくことが大切です。

日記や振り返りのノートで
コミュニケーションする

　日記や振り返りなどのノートでコミュニケーションをとることは，教師と子ども達との関係性を生み出すとてもよい方法です。

　全員と話すことはなかなか難しいといえます。

　しかし，日記や振り返りのノートでの交流は全員とできます。

　さらに，学級通信を使えば，子ども達の思いをまわりの子に広げることができます。

　書くことは自分自身を見つめるとても大切な活動ですので，多く取り入れていくことで，間違いなく子ども達の成長を促します。

　また，何よりも，

子どもを知る

ことができます。

　ただし，課題があります。それは，

時間がかかる

ということです。

　そこで，私は日記を２冊使い，交互で交換しながら書かせて提出させることがありました。こうすれば，１日預かることができますし，忘れた場合はその場で書かせることも可能です。

　また，一人ひとりの日記を読む時間を計りながら取り組んだことがあります。時間は有限です。そのため，どれくらいの時間がかかるかを考えておくと，時間を有効に使えることができます。また，細切れの時間を活用し，少しずつ見ていくということをしていました。

　近年，ロイロノートをはじめとした双方向アプリによって，子ども達の意見を，時間をかけずに読むこともできるようにもなりました。こうしたICTを使うこともとても効果的です。

「書くこと」で
コミュニケーションをとろう

日記・振り返りのノート

↓

- 子どもを知る
- 子どもとつながる

↑

時間がかかる

ロイロノートなどのアプリや ノートを少しずつ集める などの工夫を

いかに時間をかけずに
子ども達とノート交流ができるかがポイントです。

学びを深めるために⑤
粘り強く関わり続けることで関係性を生み出す

🌱 上手くいかないときこそ粘り強く

　学級が上手くいかないとき，どうしてもクラスの中で関わりを少なくしてしまおうとすることがあります。

　つまり，対立を減らそうとしてしまいます。

　しかし，それでは学級は上手くいきません。

　失敗の連続の中で成長が見えてくる

と私は思っています。

　そのため，

意図的に相手をほめたり，関わり合ったりする場

をつくることが大切です。

　例えば，授業で，

・**3人の人にノートを見せ合いましょう**

・**男子は女子，女子は男子とハイタッチをしましょう**

・**グループでお互いのよさをほめ合いましょう**

・**今日，話したことのない人とお話しましょう**

・**隣の人をめいっぱいほめてください**

というような活動をたくさん取り入れていきます。

　意図的に相手をほめたり，関わり合ったりすることは，普段はなかなかできません。

　しかし，授業であればできます。

　授業で学級をつくっていくという教師の意図的な取り組みは，とても大切だと思います。

🌱 声に出して言うことの大切さ

　教師の意図的な活動として，子ども達が，

声に出す

ということはとても大切です。

正しく言葉を使える

ということが人間関係を育むうえで何よりも大切なことだからです。

　そのため，

ありがとう

などの言葉が言えるように，どの場面でも心がけさせることが大切です。

　一番の指導ができる場は，

先生に何かしてもらうとき

です。

　低学年の子ども達は，例えば，「これ，直して」といろいろなものを持ってくることがあります。

　そうしたとき，「ありがとう」と言わせる指導を繰り返していきます。ちょっとしたことかもしれませんが，実は大きなことだといえます。

　また，「ありがとう」と言えたら，「よく言えたね」とほめることで子ども達との人間関係を深めていくことができます。

　そのため，先生も普段から「ありがとう」と言うように，モデルとなるような動きをたくさんしていくことが大切です。低学年の子だけではなく，中学生，高校生も実は先生のなにげない関わりから影響を受けています。そのため，よいモデルをたくさん示すことが必要です。ただ，このことは，自分ではなかなかできていないので，反省しているところです。

　こうした小さな連続の積み重ねが，人間関係を豊かにしていくことだといえます。

🌱 学級通信はほめるために存在する

　子ども達の関わりを高めるために，学級通信は

子どもをほめるために存在する

と思っています。

　学級通信に子どものよさを書くことで，

先生にも仲間にも保護者にもほめてもらうこと

になります。

　そのため，学級通信はとてもすばらしいコミュニケーション手段といえます。学級通信でほめるには，

子どもが書いたもの

を載せることから始めていきます。

　短文をたくさん書かせ，それを載せていきます。また，一人ずつ子ども達のよいところを１行程度で書くこともしたことがあります。

　この活動には，座席表（カルテ）でのメモが活躍します。

　また，クラス全体をほめることもできます。そのため，学級通信の基本は書き続け，**ほめ続ける**ことです。

　予定や連絡も時には必要です。しかし，それだけに終わらず，ほめ続ける活動をしてほしいと思います。

🌱 教師自身のリレーションも大切

　教師自身の体調が悪かったり，気持ちがのれなかったりしたとき，やはり学級も上手くいきません。

　つまり，

教師は最大の環境

だといえます。

また，教師自身のリレーションはとても大切であり，

同僚の先生との関係

や

保護者の方との関係

は，とても大切です。

では，どうすれば，良好な関係性をつくることができるのでしょうか。私は若い先生に，

愛される先生

を目指すといいよと話したことがあります。

先輩の先生にいろいろ教えてもらおうとする姿勢が相手の共感を生み出します。報告，連絡，相談の頭文字をとって，「ほうれんそう」という言葉があります。その中で，特に「そう」の部分が大切だといえます。

また，保護者の方にも愛されるには，たくさん情報を発信していくことです。学級通信や電話での連絡など，こちらから積極的に学校の情報を伝えていくことが大切です。悪い話だけではなく，よい話も積極的に伝えていくようにしましょう。

また，

保護者の方に感謝する

という気持ちも大切です。

保護者の中には，厳しい要求をされる方がいます。また，アンケートで厳しい結果になってしまったり，きつく言われて気になったりすることがあります。

しかし，集団や一人ひとりは，簡単によくなるわけがありません。むしろ，じっくりと長い年月をかけて成長していくものです。

そのため，

子どもに対する新しい視点

とするということがとても大切です。

　アンケートをすることによって，今まで見ていた子ども達の状況とは違う一面に出会うことがあります。これを，

チャンス

と受け止め，前向きに取り組んでいきましょう。

　しかし，それもあくまでも一部にすぎません。

先生の応援団になってください

と４月のはじめに保護者の方に伝えることがあります。若い先生は応援団を増やしていきましょう。

名人に学ぶ学級経営⑤

坪田 耕三

学級経営の名人５人目は，坪田耕三さんです。

坪田耕三

1947年東京都に生まれる。青山学院大学文学部教育学科卒業後，東京都内の公立小学校教諭として勤務後，筑波大学附属小学校教諭，副校長を経て，筑波大学教授，青山学院大学教授などを務めた。

第32回読売教育賞受賞。全国算数授業研究会会長やハンズオン・マス研究会代表，NHK 学校放送企画委員なども務めた。小学校算数教科書や小学校学習指導要領解説算数編作成協力者，JICA 発展途上国支援協力者として，JICA の要請で海外の小学校で授業をすることもあった。

参考：https://www.jstage.jst.go.jp/article/jjsme/101/11/101_77/_pdf

---

私がまだ初任者の頃，坪田先生にご挨拶させてもらったことがあります。算数の実践では大変有名な方でしたので，とても緊張していたのですが，あたたかくお話してくださったのを覚えています。

（ここからは，坪田 " さん " で書きます）

坪田さんにお会いした頃にサインをいただき，いつも手に取って読んでいたのが，『算数楽しく授業術』（坪田耕三，教育出版）でした。この本は，タイトルの通り「授業術」なので，算数の授業についての記述が多く載っています。

しかし，その中で，坪田さんは『学級づくりが基礎』と述べています。

坪田さんは，「共に創る授業が基盤となって，学校の学びの場でよりよい算数の内容が身に付

く」と述べています。

　坪田さんが担任を離れるとき，子ども達に向けた「お別れの言葉」を一部紹介します。

　　正直に生きること。

　　人の気持ちになって考えてやること。

　　形ある物ばかりでなく，何事にも盗みをしないこと。

　　これは人間としての最低限のルールでありながら，なかなか難しいことでもあるのです。いつまでも心にとめおいてくれることを願っています。

　　そして，プリントを配るたびに『はい，どうぞ』『ありがとう』を言えるように言い続けてきました。

　　これが自然に口から出てくるようになった子は，きっと自分の身のまわりに次々といいことがめぐってくることでしょう。

　　よい循環が起こってくるのです。

　　世の中には悪循環という言葉がありますが，身のまわりに悪いことが重なってくることです。

　　しかし，よく考えてみると，そんな時には原因は自分にあることがよくあるものです。

　　これに対して，何事も自らがいいと思うことを自然な形でできるならば，そこに次々といいことが重なってくるのです。

　　信じてみてください。

　　何事もいいほうに受けとめて前向きに生きることが大事なのです。

（『算数楽しく　授業術』教育出版）

　坪田さんの実践から子ども達への言葉のあたたかさ，やさしさを学ぶことができます。1年を通して1冊の本を読み聞かせる実践を坪田さんから学びました。

第 6 章

学級の風土を育てる
クラスカルチャーを考える

有田和正さんが述べていたように,
「学級に知的で楽しい文化をつくる」
このことが若い先生には今一番必要だと考えています。
　学級における知的な文化をつくる取り組みは, 多くの民間
教育団体で行われ, 主張されてきたことです。

　では，なぜ，学級に知的で楽しい文化をつくることが大切か。

　それは，何より，子ども達が主体的になり，自分達で考え，話し合い，行動するからです。そうした活動を通して，ルールやリレーションをよりよくすることができます。

　まさに，カルチャーは，よりよい学級をつくり出すうえでとても重要なキーといえるでしょう。

学級文化，学級風土をつくる

よりよい学級文化や学級風土をつくること

　これは，若い先生にぜひしてほしいことです。もっといえば，ベテランの先生にもしてほしいと思います。

　学級のよりよい文化的風土は，その集団の中の関係性や規範意識を生み出すことができます。逆にいじめなどの問題も，学級の中にカースト的な風土が内在し，関係性ができあがっていることも要因になります。

　つまり，よりよい学級風土をつくることは，その集団の中にいる関係性や規範に大きく反映するとはいえ，児童生徒の主体性を高めることにつながります。そのため，集団に意図的に教師がアプローチし，知的文化を高めていくことによって，関係性や規範を高めたり，変えたりすることが可能になります。

　では，どのようなことをすればよいでしょう。

　それは，

学級で夢中になって楽しむ活動をする

ということです。

　例えば，私は，次のような取り組みをしたことがあります。

- 係活動
- 読み聞かせ
- 自主学習
- お楽しみ会
- 笑い
- 詩のボクシング
- 百人一首

　ポイントは，

子ども達の日々の楽しみをつくる

ことです。

学級で子ども達が
夢中になって楽しむ活動を！

- 係活動
- 読み聞かせ
- 自主学習
- お楽しみ会
- 笑い

　　　　…

↓

子ども達の日々の楽しみをつくる

明日，学校へ行くのが楽しみになる活動を，
子ども達と一緒に考えて
やってみましょう。

まずは，当番や係活動から

　学級風土をつくるには，まず，

当番や係活動

から始めるのがよいでしょう。

　理由としては，子ども達にとっても分かりやすく，取り組みやすいからです。私は，

当番（一人一役）

- ・まど　　　・くばり
- ・ならばせ　・よびかけ
- ・教科

係活動（好きな活動を一つ選んで取り組む）

- ・えんげき　・ざっし
- ・コント　　・工務店
- ・マジック　・ホラー

などというふうに分けて取り組んだことがあります。

　係活動は，一人ではできないということにしていたことがあります。2人から4人程度で取り組み，活動したり，発表したりします。

　子ども達には，

クラスを楽しくさせるのが係活動だよ

と話をしています。

　たくさんもめたり，上手くいかなかったりしますが，そこから話し合ったり，協力し合ったりしていくなかで主体性が身についていきます。

当番や係活動から
学級文化，教室風土を高めよう

クラスを楽しくさせるのが係活動！
係活動のアイデアや実践はたくさんあるので，
ぜひ真似をしてよりよいものをつくっていこう！

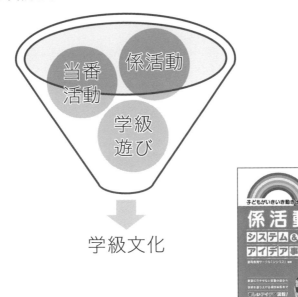

静岡教育サークル「シリウス」の
『子どもがいきいき動き出す！
係活動システム＆アイデア事典』（明治図書）は
大変参考になります。
ホームページも充実しています。

読み聞かせと聞く文化をつくる

読み聞かせ

は，クラスの中の知的な文化を育てるのにとてもよい方法です。

　子ども達は読み聞かせをとても楽しみにしています。

　最初は，

絵本

の読み聞かせから始めましょう。

　これは，学年に関係ありません。どの学年でも，中学生でも可能です。

　また，絵本でなく，

小説

などを何か月もかけて読み聞かせをすることも可能です。

　私の場合は，ミヒャエル・エンデの『モモ』（岩波書店）を読み聞かせしたことがあります。少し難しい内容でしたが，子ども達は興味・関心を持ってくれて，一生懸命聞いてくれました。また，読み聞かせの内容を通して，話題が広がることがあります。

　こうした読み聞かせは，

聞く文化

を育てます。

　聞くことは，聞くための技術やルールも必要ですが，何よりも相手を大切にするというところから始まります。相手や内容に興味や関心がなければ「聞く」ということはなかなかできません。

　そのため，読み聞かせを行うことで，

「話を聞こう」

という文化が生まれてきます。

　聞くことが学校教育では大きなウェイトを占めます。そのため，「聞く」という文化をつくることはとても大切なことだといえます。

読み聞かせは聞く文化を育てる

> いつでもどこでも
> すぐできる

> 無理なく，誰でも
> 楽しく聞ける

> 聞くことが
> 良いことと認識できる

絵本以外にも
小説や児童文学を，
１年を通して
読み聞かせしていくのもよい方法です。

遊びのレパートリーを増やす

　次の項目でもお話をするのですが，遊びのレパートリーをたくさん知っておくことが，とても大切だと思います。

　子ども達が主体的になる瞬間，それは

遊び

です。

　特に，身体を使っての遊びです。遊びが一生懸命になればなるほど，

心が熱く

なり，話し合ったり，自分の意見を言い合ったりすることができます。

　もめたり，対立したりします。しかし，そうしたことを遊ぶことで乗り越えていくことができます。

　つまり，遊ぶことを通して，

関係性

と

主体性

が生まれてきます。

　また，身体を使って遊ぶことで，仲間との関係性も生まれてきます。男女が仲良くなります。心の底から遊ぶことで，学習にも集中して取り組むことができるでしょう。

　そのため，教師として遊びのレパートリーをたくさん知っておくことが大切です。

　リレーションに適した本として甲斐崎博史先生の『クラス全員がひとつになる学級ゲーム＆アクティビティ100』（ナツメ社）はとてもおすすめです。

　ぜひ，若い先生には読んでほしいと思います。

学級で遊ぶアイデアを増やす

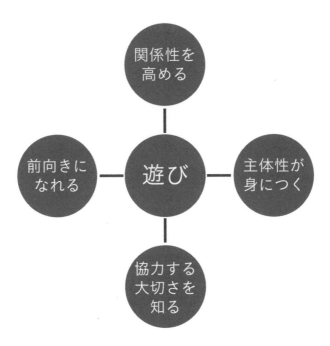

遊びのレパートリーや遊び方の本を読んで,
実践していきましょう。

スライドショーをつくる

　スライドショーで行事や学期の振り返りをすることを学んだのは，北海道の中学校教師である堀裕嗣さんの実践を見てからでした。

　今では，iMovie などを使って，とても簡単にスライドショーをつくることができます。

　行事の終わりや学期の終わり，始まりで，子ども達の様子の写真をスライドで見せ，最後に担任からのメッセージを今流行りの音楽と一緒に流せば，子ども達の気持ちは高まりますし，保護者の方に見せても大変喜ばれます。

　大事なことは，時間をかけすぎないことです。

　凝れば何時間もかかってしまいますので，私は，iPad で写真を選び，好きな曲をつけて時間をかけずにつくるようにしています。

　また，行事が終わったら，作成したスライドショーの**ビデオや写真などを見せて**振り返りをさせることがとてもおすすめです。

　これは，京都橘大学の池田修さんのお話で学んでことですが，何も見ずに行事の振り返りを書くように伝えてもなかなか上手く書けません。

　そこで，ビデオや写真を見ることで，擬似的に体験したり，思い出したりすることができるのでスムーズに書くことができます。

　10年前は，フォトストーリーというソフトを使い，写真に音楽をつけて，スライドで見せていましたが，それが今では iMovie に変わりました。どんどん技術は新しくなっていくので，そうしたものを取り入れながら子ども達の学びを伝えていけるようにしましょう。

スライドショーで
クラスの様子を伝えよう

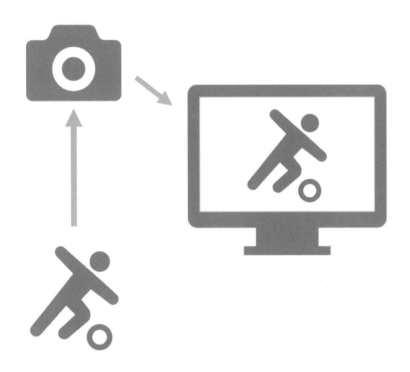

子ども達の学びの様子をスライドショーにしよう。

時間をかけすぎず，
継続してスライドショーを見せていくと
先生の思いも届き，効果的です。

学びを深めるために⑥
学級文化を楽しむ

🌱 誰もが参加できる工夫を

　授業の中で誰もが参加できる工夫をすることが，学級としてよりよい雰囲気をつくっていきます。

　横浜市に山田将由さんという先生がいます。山田さんはペアでの活動を多く取り入れており，私自身，山田さんからたくさんのことを学んできました。

　例えば，ペアそして3人，4人というふうに，少人数で関わりや学習活動を増やしていきます。音読や答え合わせなど，ちょっとしたことでよいので，少人数での活動をしながら徐々にその関わりを増やしていきます。

　こうした小さな集団の中であると，話す，または話しやすい環境がつくれます。

　そうすると，自分から関わろうとすることができます。

　大切なことは，

多様な仲間との関わり方をつくる

ことであり，そうした関わりを

どんどんほめていく

ことで，子ども達はやる気が出てきます。

　こうした活動を，最終的には学級全体という大きな集団の中でもできるようにしていきます。

　大人になったら人前で話すことは少なくなります。しかし，中学校や高校，大学までは集団の中で自分の思いを伝える力をつけておく必要があります。

　ぜひ，集団の中で自分の思いを伝え，仲間と関われるように小さな集団の中で自信を持たせてあげてください。

🌱 お楽しみ会や学級会の大切さ

　クラス会議と呼ばれる方法で話し合うことをするクラスが多くなってきました。

　こうした活動をすることで，クラスでの意見集約や一体感を生み出すことができます。

　ただし，学級会などの話し合い活動以外にもぜひ取り組んでほしいことがあります。

　それは，

お楽しみ会

です。

　お楽しみ会は，

準備する時間

準備するもの

を与え，

できるだけ自主的に，自分達でさせる，やりきらせる

ことがコツです。この場合，係が活躍します。

　子ども達に計画を立てさせ，できるだけ自分達で行わせます。

　そして，

ゴールを明確にする

ということが大切です。

　そのうえで，「なぜ，お楽しみ会をするのか」をよく考えさせます。

　私のクラスの場合は，何よりも学級目標の具現化です。

　ここにいつも立ち戻らせます。

　また，子ども達だけでということも大切ですが，

見えないところでフォロー

させることも忘れてはいけません。

また，

「計画は進んでいる？」

「こうするといいよ」

と助言をしたり，代案を示してあげたりすることも大切です。

🌱 子ども達からの発信を見逃さない

　子ども達はいろいろなものを教室に持ち込もうとします。

　例えば，虫や動物といったものや新しい遊び，物まね，ゲームの話や芸能の話など……。

　そうしたものに関心を持つことがとても大切です。

　まず，こうしたものを

否定しない

ことがとても大切です。

　ばっさり否定してしまえば，陰の文化をつくり出してしまいます。つまり，認められないという負の思いをもって文化を広げていくことになります。

　しかし，「面白そうだな」と

関心をもつ

ことが，認め合う文化をつくり出すことになります。

　また，興味や関心を子ども以上に持っておくことも大切です。

　同時に

これ，何かに使えないかな

という意識も大切です。

　初任の頃，カードゲームの要素を何とか使えないかと考えていました。

　そして，スーパーマーケットの品物の値札をもらい，算数の時間にカードゲームのようなものにしたことがあります。これは，数週間，子ども達にはやっていました。

　子ども達の関心とこちら側の興味が一緒になっていくことが理想です。

そのためには，何よりも

子ども達から学ばなければいけない

と考えています。

　子ども達の発信は SOS のときもあります。

　もちろん，こうした SOS はしっかり受け止める必要があります。

　しかし，SOS 以外の興味や関心に関する発信も大切にしたいものです。

🌱 学習を学級文化に

　私の尊敬する先生に，東京の私立小学校教諭の伊垣尚人さんがいます。

　伊垣さんの実践には，

子ども達が「やってみたい」「やりたい」と思い，クラスで高め合う文化

をつくり出しているということです。

　こうしたことから，私たちが学ぶことは，

授業などの学ぶ活動は教室文化をつくっている

といえます。

　一斉授業を志向すれば，一斉授業に応じたルールやシステムがはっきりとした学級文化になり，協同的な学びを志向すれば，協同的な学びに応じたリレーションやカルチャーを中心とした学級文化になると思います。

　しかし，これだけではなく，学校の文化や先生や子ども達の個性もとても反映されます。

　つまり，先生の授業観や授業のイメージが学級経営に大きな影響を与えているということです。

　つまり，授業は学級をつくるうえでの一つの要因になるということです。

学級づくりのために授業を行い，授業のために学級づくりを行う

という姿勢が常に重要といえます。

学級経営の名人６人目は，松井恵子さんです。

松井恵子

　1970年，兵庫県生まれ。兵庫県の公立小学校で教諭を始め，現在は，教頭を務める。兵庫県授業改善促進のための DVD 授業において算数科の授業を担当。育休経験も含め，教職の楽しさや算数授業の楽しさを学生や若い先生に教えることもある。2015年度兵庫県優秀教職員表彰受賞。

　松井恵子さんは，お子さんがいて，子育てをしながら先生をされてきた方です。まさに，働く女性のロールモデルとなる先生です。

　松井さんが学級経営のみならず，まさに女性教師の生き方までも述べている本が，『＃仕事もプライベートもあきらめない！女性教師の「働き方」』（明治図書）です。

　この本では，

- 女性教師としての誇りをもって仕事をしよう
- 細やかな女性目線でつくる！　学級経営のワザ
- 信頼される教師になる！　授業づくりのワザ
- スタートが肝心！　１年生を担任するときのポイント
- 強みを存分に発揮して！　高学年を担任するときのポイント
- しなやかにたくましく！　女性教師の仕事術
- こんなときどうする？　女性教師ならではのお悩み Q&A

という７つの章で構成されています。

　私自身，家庭のために子育てができているか，と聞かれたら，なかなか「はい」とはいえません。家庭への貢献はまだまだ落第点です。現実的に見れば，子育てを担ってくれる男性はまだ少なく，子育てをしている多くの女性の先生は，家庭と仕事に追われています。

　私たちは，そうした子育てをしながら働いている女性（または男性）の先生に敬意を持つべきであり，子育てしながらも楽しく仕事ができるような環境をつくっていく必要があります。さらには，出産や介護など様々な家庭の負担のある先生も働ける場に変えていくことが必要です。そのうえで，松井さんは次のように述べています。

　あなたは，どんな教師になりたいですか？
　楽しいクラスをつくり，子どもたちが充実できる授業をつくり，保護者や同僚とも和やかに人間関係をつくることのできる教師……。素敵ですね。
　あなたは，これからどんな人生を送りたいですか？
　恋愛もしたい，結婚して我が子に恵まれ，あたたかい家庭を築きたい。自分一人の時間を大切にしたい……。いろいろなプライベートがありますが，どれも自分の心を満たすものにしたいと思うはずです。
　だからこそ，悩みます。それは男女問わず同じものです。ですが，私自身，女性として出産を経験し，数年間のお休みをいただきながらも，学級担任，研究主任を務めてきました。その中で，泣いたこともあるし，育児休暇を３年間とれるようになった初期の世代ですので，不安や批判もありました。しかし，何もあきらめず，何からも逃げない生き方が私の幸せだと，十数年かけて確信できるようになりました。

　　　　　　（『＃仕事もプライベートもあきらめない！女性教師の「働き方」』明治図書）

　仕事もプライベートも充実した教師人生を大切にしていきましょう。

まとめ ▶▶ 学級経営のねらいとそのための具体的視点

　紹介した６人の名人に共通する学級経営のポイントは，

「このクラス（の仲間）なら自分らしくいられる」

「このクラス（の仲間）なら自分の意見を気にせず言い合える」

ことだといえます。

　しかし，その２点がゴールではなく，そこから，

一人ひとりの学ぶ力，生きる力

を身につけることだといえます。

　しかしながら，学級経営のこのねらいを叶えるための学び方は明らかにされておらず，それぞれの経験によることがほとんどでした。

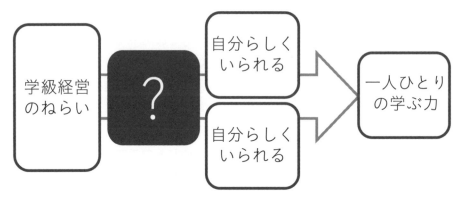

学級経営のねらいとブラックボックス

　そこで本書は，この「？」に対応するために考えたのが，

・システム・・・・クラスを子ども達で動かしていけるしくみ

・ルール・・・・・クラスで子ども達が大切にしていく約束

・リレーション・・クラスで子ども達が深める関係性

・カルチャー・・・クラスで子ども達が楽しむ文化

の４つの具体的な活動です。この４つを学級担任は時に意識的に仕掛け，時に促し，時に見守ることで，子ども達とよりよい学級をつくりあげることができると考えています。

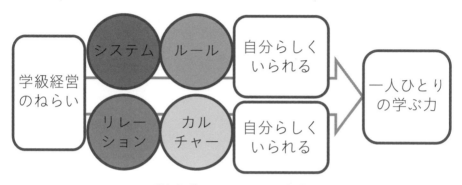

学級経営のねらいと４つの視点

　この４つは，休み時間や給食，掃除など，いわゆる授業外活動がメインと思われがちです。確かに，この４つは授業以外での活動も多くありますが，授業で高めることが多くあります。
　つまり，授業の中で，
「話す人のほうを見ましょう」
「背筋を伸ばして聞きましょう」
といった先生が話すひと言ひと言も学級をつくる大切な教師の促しといえます。そのため，学級経営と授業づくりは，車の両輪のような存在だといえるでしょう。
　そして，この４つの視点は，先生や子ども達の個性がとても表れるということも忘れてはいけません。関係づくりが得意な先生もいれば，システムをしっかり構築できる先生もいます。その中で共通することは，子ども達が夢中になれる授業づくりを目指すことだといえるでしょう。

大切なことは，先生の「強み」を活かし，無理をせず（時には無理することもありますが），１年を通して継続して取り組むことです。

　河原先生も述べていたように，大切なことは粘り強さです。上手くいかないこともたくさんありますが，バスケットボール漫画『スラムダンク』の名言の通り「あきらめたら試合終了だよ」です。あきらめずに粘り強く取り組んでいきましょう。

若い先生に伝えたいこと

　若い先生に伝えたいことは，苦しいときは，誰かに相談するということです。

　愚痴を言っても構いません。とにかく，「困った」「大変」だと話すことが大切です。

　学級経営は一人で抱え込まないこと，これが一番大切です。

　粘り強く取り組むことは大切です。

　しかし，それ以上に一人で抱え込むことはないのです。

　ぜひ，若い先生は，学級を抱え込まず，いろいろな先生のアドバイスを聞きながら取り組んでほしいと思います。

　もう一つは，**学級経営を楽しんでほしい**ということです。

　学級経営に完璧はありません。

　常に変化していくものです。

　そのため，完璧を求めず，楽しく取り組んでほしいと思います。

　学級をひらき，広げ，深め，閉じる

というイメージで，学級びらきをしてから，子ども達の関係性は広がり，深まっていきます。

　その中で，ハレーションは必ず起きます。

上手くいかないことがたくさんあります。
しかし，それも含めて楽しんでほしいと思います。

学級経営を楽しんでほしい。
これは私が心から願っていることです。
若い先生，大丈夫。
きっと上手くいきますよ！

学びを深めるために ●•••••••••••••••••••••••••••••••••••••

私が学んできた本を紹介します。

●学級経営のゴールへの学びを深めるために

『学習の本質—研究の活用から実践へ』
OECD 教育研究革新センター（著，編集）
明石書店

> 難しい本ですが読む価値はあります。ただし，時間をかけてゆっくり読むこと
> をおすすめします。学習することとは何か，学習者にとってベストな学級経営
> とは何かを考えるヒントになります。また，「学習指導要領」に目を通しておく
> ことも大切です。

『〈教育力〉をみがく』
家本芳郎（著）
子どもの未来社

> 教育力，指導力とは何かについてとても分かりやすく書かれた名著です。教育
> するということはどういうことかを，ぜひ若い先生にこの本を通して考えてほ
> しいと思います。とてもおすすめです。

『新版　若い教師のための読書術』
長瀬拓也（著）
学事出版

> 学級経営のゴールは，ある意味で担任の先生の教育観がとても問われます。そ
> のために多くの本を読むべきです。ぜひ，多くの本と出会ってほしいと思います。

『スペシャリスト直伝！　学級を最高のチームにする極意』
赤坂真二（著）
明治図書

> 学級をチームにするということはどのような形であるべきかを考えることがで
> きます。学級を組織する内容も学ぶことができます。赤坂先生の講座を聞くこ
> ともおすすめします。

●学級経営のシステムへの学びを深めるために

『子どもと生きる教師の一日』
家本芳郎（著）
高文研

　　授業も含めて，教室の１日の生活が分かりやすく書かれています。子どもとの
　　関わりに焦点を当てているので，クラスの子を想像しながら読むことができます。

『新卒教師時代を生き抜く心得術60―やんちゃを味方にする日々の戦略』
野中信行（著）
明治図書

　　若手教師を強く応援してくれる野中先生の１冊です。学級の組織化についてた
　　くさんのヒントをくれます。

『学級を組織する法則』
向山洋一（著）
明治図書

　　この本については，いろいろな主張がありますが，若い先生は読むべきだと思
　　います。まず読んでみて学級を組織する大切さを学ぶとよいでしょう。

『学級経営10の原理・100の原則―困難な毎日を乗り切る110のメソッド』
堀　裕嗣（著）
学事出版

　　中学校向きですが，小学校の先生でも多くを学べる１冊です。

『教師のための時間術』
長瀬拓也（著）
黎明書房

　　学級経営を含めた教師の仕事を「時間の使い方」という視点から書いたもので
　　す。いかに子ども達と学級を経営していくかについても書いています。

●学級経営のルールへの学びを深めるために

『ＡさせたいならＢと言え』
岩下　修（著）
明治図書

ルールを意識し，浸透させるにはどのように指導していけばよいかについてまとめた名著だと思います。ぜひ，若い先生に読むことをおすすめします。

『生徒指導10の原理・100の原則―気になる子にも指導が通る110のメソッド』
堀　裕嗣（著）
学事出版

指導が入るようにするためにどのようにすればよいか。堀先生の提案する中学生の生徒指導の方法は，実は高学年を中心に小学校でも多く活かすことができます。

『子どもの力を引き出すクラス・ルールの作り方』
伊垣尚人（著）
ナツメ社

子ども達とルールをつくっていくにはどうすればよいか書かれています。ルールのつくり方を学べるとてもよい１冊です。ゴールのあり方についても学ぶことができるので，ぜひおすすめです。

『すべては挨拶から始まる！　「礼儀」でまとめる学級づくり』
安次嶺隆幸（著）
東洋館出版社

掃除や挨拶など日常でよく行われている活動を通して，いかに学級をつくり，子ども達を育てていくかが書かれた１冊です。掃除の取り組みはとても参考になりました。

●学級経営のリレーションへの学びを深めるために

『クラス全員がひとつになる学級ゲーム＆アクティビティ100』
甲斐崎博史（著）
ナツメ社
　　PA（プロジェクトアドベンチャー）と呼ばれる体験的な活動を通して関係性を
　　高めていく取り組みが多く紹介されています。明日から使える1冊です。

『HSCがありのままで幸せになれる教室―教師が知っておきたい「敏感な子」の悩み
と個性―』
杉本景子（著）
東洋館出版社
　　約5人に1人存在するというHSP（Highly Sensitive Person），特に，子どもは
　　ChildからHSCといわれています。この本を読むと子どもからのSOSに気づけ
　　るようになりますよ。

『信頼ベースのクラスをつくる　よくわかる学級ファシリテーション①―かかわりス
キル編』
岩瀬直樹，ちょんせいこ（著）
解放出版社
　　具体的にどのように子ども達と関わっていけばよいかについて書かれています。
　　実際の教室をイメージしながら読むこともできます。ファシリテーション（促
　　進）のあり方から学級経営を考えることができる1冊です。

『子どもも先生も思いっきり笑える73のネタ大放出！』
中村健一（著）
黎明書房
　　笑いをつくり，関係性を高めていくにはどのようにすればよいか，具体的な取
　　り組みが掲載されています。すぐ教室で取り組め，実践的な内容を学ぶことが
　　できます。

●教室の文化について学ぶために

『クラスづくりの極意—ぼくら，先生なしでも大丈夫だよ』
岩瀬直樹（著）
農山漁村文化協会

　　どのように学級文化をつくっていけばよいか，岩瀬先生の実践から学ぶことができる1冊です。遊びや関わりなど，多くの活動を通してクラスができていく過程を学んでほしいと思います。

『学級担任テーマブック　パッと使える「学級文化活動」』
家本芳郎（著）
フォーラム・A

　　学級文化活動について実践的な内容をまとめた本です。事例を多く知っておくことは，現場に入ってからの教師の技を増やすことにつながります。

『「かかわり言葉」でつなぐ学級づくり』
青山由紀（著）
東洋館出版社

　　学級をつくるもの，それは言葉でもあると思います。安定，安心する言葉の使い方は安定，安心する学級につながっていくと考えています。若い人にぜひ読んでほしい。

『若いあなたがカスタマイズ出来る！7　向山型スキル・学級活動の授業パーツ100選』
谷　和樹　（プロデュース）
明治図書

　　パーツになっているので，多くの事例を知り，それを生かすことができます。教室に置いて使っていくという方法もあると思います。

おわりに

　前作『ゼロから学べる学級経営』が出版されてから10年が経ちました。

　この10年の間に，私自身，私立小学校に異動し，結婚もして子どもにも恵まれました。私の人生が大きく変わった10年でした。また，大学院に通ったり，コロナ禍の中でしたが，逆にオンラインを通して全国の先生とつながったりと，たくさんのことを学べた10年でもありました。この10年の学びが少しでもこれからの若い先生のお役に立つことができれば嬉しく思います。

　教え子から数年ぶりに連絡をもらったり，出会ったりすることがあります。最近多いのは，フェイスブックで私の名前を見て，思わず連絡をしてくれたというケースです。成人して社会人になった教え子と東京で食事したこともありました。そのとき，とても嬉しかったことを覚えています。

　彼らの成長した姿やその当時の思い出話に花が咲くとき，

「担任をしていて本当によかったなあ」

と思います。

　苦しいときもたくさんありますが，間違いなく，1年1年が思い出に残る仕事です。

　ぜひ，多くの先生に学級経営について学びを深め，すばらしい実践をしてほしいと願っています。

　また，学級経営をしていくうえで授業はとても重要なキー（鍵）となります。授業については，実践すればするほど奥が深いものはないと思っています。私自身，日々勉強だと思っています。

　さて本書の提案をしてくださった，明治図書の林知里さんに心からお礼を申し上げます。前作は，私のブログを読み，提案をしていただき，つくりあ

げることができました。今回も林さんが編集してくれたらいいなと思っていた中で，引き受けてくださり，とても嬉しかったです。

また，「名人による学級経営」では，古川光弘先生をはじめ，多くの先生方にご助言をいただきました。そして，本書を書くきっかけを与えてくださった，全国の私立小学校の若い先生との出会いにも感謝しています。私立小学校は，公立小学校ほど数は多くありません。しかし，様々な研修を通して学び合う機会があります。そうした出会いの中で，学級経営のことについての悩みや思いを聞くこともあり，本書を書き上げようと思った次第です。さらには，大学で生徒指導論について教える機会がありました。学生の方からの質問を通して，若い人のニーズや思いを知ることができました。

前作を振り返ると，校長先生をはじめ，職場の先生方，子ども達，保護者の皆さん，特に，本書を書くうえで多くのアイデアをくれた当時，初任者だった先生の存在は大きいものでした。教室や職員室での会話や対話を通して，教えられることはとても大きな財産です。新版を出すに当たって，「初心」を思い出しました。改めてありがとうございました。

また，いつもながら，実践に大きな影響を与えてくれる妻，千裕には心から感謝しています。２人の子ども達を育てながら小学校の担任をする姿に心から尊敬しています。そして，そうは思っても家庭のことがなかなかできない夫で申し訳なく思っています。本当にいつもありがとう。

担任の仕事は，本来は楽しく素敵な仕事です。
一人でも多くの方が学級経営を楽しんでほしいと願っています。
最後まで読んでいただき，ありがとうございました。

2023年9月2日
バスケットボール日本代表がパリオリンピック出場を決めた夜に

長瀬拓也

引用および参考文献

［前著の文献］

河村茂雄『学級集団づくりのゼロ段階　学級経営力を高める　Q-U式学級集団づくり入門』図書文化

河村茂雄『日本の学級集団と学級経営―集団の教育力を生かす学校システムの原理と展望』図書文化

日本サッカー協会『サッカー指導教本・DVD2012　D級コーチ』

吉永幸司『吉永幸司の国語教室』小学館

「教師のリフレクション（省察）入門　先生がステップアップするための教員研修」『授業づくりネットワーク18』学事出版

岩瀬直樹・甲斐崎博史・伊垣尚人（著）プロジェクトアドベンチャージャパン（監修）『プロジェクトアドベンチャーでつくるとっても楽しいクラス』学事出版

伊垣尚人『子どもの力を引き出すクラスルールの作り方』ナツメ社

伊垣尚人『子どもの力を引き出す自主学習ノートの作り方』ナツメ社

伊垣尚人『子どもの力を引き出す自主学習ノート　実践編』ナツメ社

野中信行『新卒教師時代を生き抜く心得術60―やんちゃを味方にする日々の戦略』明治図書

金大竜『日本一ハッピーなクラスのつくり方』明治図書

大前暁政『必ず成功する！　学級づくりスタートダッシュ』学陽書房

安次嶺隆幸『すべては挨拶から始まる！　「礼儀」でまとめる学級づくり』東洋館出版社

堀裕嗣『学級経営10の原理・100の原則―困難な毎日を乗り切る110のメソッド』学事出版

堀裕嗣『生徒指導10の原理・100の原則―気になる子にも指導が通る110のメソッド』学事出版

岩瀬直樹『「最高のチーム」になる！　クラスづくりの極意』農山漁村文化協会

赤坂真二『スペシャリスト直伝！　学級を最高のチームにする極意』明治図書

赤坂真二『小学校高学年女子の指導　困ったときの処方箋』学陽書房

家本芳郎『〈教育力〉をみがく』子どもの未来社

陰山英男・徹底反復研究会『徹底反復で子どもを伸ばす—徹底反復研究会実践集』
　　日本標準

菊池省三『小学校発！　一人ひとりが輝くほめ言葉のシャワー』日本標準

中村健一『エピソードで語る教師力の極意』明治図書

中村健一『担任必携！　学級づくり作戦ノート』黎明書房

中村健一『子どもも先生も思いっきり笑える73のネタ大放出！』黎明書房

上條晴夫『ベテラン教師が教える　目的別　スグでき！学級あそびベスト100』ナツ
　　メ社

甲斐崎博史『クラス全員がひとつになる学級ゲーム＆アクティビティ100』ナツメ社

佐藤正寿（著）家本芳郎（監修）『おいしい！授業—70のアイデア＆スパイス　小学
　　校３・４年』フォーラム・Ａ

[新版の文献]

櫻井茂男『学びの「エンゲージメント」：主体的に学習に取り組む態度の評価と育て
　　方（クレイス叢書）』図書文化

ピョートル・フェリクス・グジバチ『心理的安全性　最強の教科書』東洋経済新報
　　社

ドラッカー『ドラッカー名著集13　マネジメント「上」—課題，責任，実践』ダイ
　　ヤモンド社

ドラッカー『ドラッカー名言集　仕事の哲学』ダイヤモンド社

静岡教育サークル「シリウス」『子どもがいきいき動き出す！　係活動システム＆ア
　　イデア事典』明治図書

有田和正『名著復刻　楽しい教室づくり入門』明治図書

古川光弘『有田和正に学ぶ発問・授業づくり』黎明書房

古川光弘『有田和正に学ぶユーモアのある学級づくり』黎明書房

長岡文雄『小学 1 年　学級づくりと学級会活動』明治図書

長岡文雄『子どもをとらえる構え』黎明書房

長瀬拓也『長岡文雄と授業づくり―子どもから学び続けるために』黎明書房

坪田耕三『算数楽しく授業術』教育出版

安次嶺隆幸『1 年生のクラスをまとめる51のコツ』東洋館出版社

安次嶺隆幸『すべては挨拶から始まる！　「礼儀」でまとめる学級づくり』東洋館出版社

河原和之『「本音」でつながる学級づくり　集団づくりの鉄則』明治図書

松井恵子『＃仕事もプライベートもあきらめない！　女性教師の「働き方」』明治図書

※学級名人の各プロフィールは，著作や所属大学，出版社等のホームページを参考に作成しています。

【著者紹介】

長瀬　拓也（ながせ　たくや）

1981年岐阜県生まれ。佛教大学教育学部卒業。岐阜大学大学院教育学研究科修了。修士（教育学）。横浜市立小学校，岐阜県公立小中学校を経て，現在，同志社小学校教諭。主な著書に『ゼロから学べる学級経営』（明治図書），『長岡文雄と授業づくり―子どもから学び続けるために』（黎明書房）などがある。

〔本文イラスト〕イクタケマコト

新版　図解ビジュアル
ゼロから学べる学級経営
　　―若い教師のためのクラスづくり入門―

2024年3月初版第1刷刊　ⓒ著　者　長　瀬　拓　也
　　　　　　　　　　発行者　藤　原　光　政
　　　　　　　　　　発行所　明治図書出版株式会社
　　　　　　　　　　　　　　http://www.meijitosho.co.jp
　　　　　　　　　　(企画)林　知里　(校正)井草正孝
　　　　　　　　　　〒114-0023　東京都北区滝野川7-46-1
　　　　　　　　　　振替00160-5-151318　電話03(5907)6703
　　　　　　　　　　　　ご注文窓口　電話03(5907)6668
＊検印省略　　　　　　組版所　株式会社アイデスク

Printed in Japan　　　　　　　ISBN978-4-18-310921-7
もれなくクーポンがもらえる！読者アンケートはこちらから